CB067933

PAIXÃO POR CABELOS

Título original: *The Hairstyle Directory*
Copyright © 2013 por RotoVision SA
RotoVision Books
4th Floor, Sheridan House
112/116A Western Road
Hove
East Sussex
BN3 1DD

Copyright da tradução © 2016 por GMT Editores Ltda.

Todos os direitos reservados. Nenhuma parte deste livro pode ser reproduzida sob quaisquer meios existentes sem a autorização por escrito dos editores.

Foram feitos todos os esforços para assegurar a precisão das informações deste livro. No entanto, devido às diferentes condições, ferramentas e habilidades individuais, a editora não pode se responsabilizar por quaisquer ferimentos, perdas e outros danos que possam resultar do uso deste livro.

Este livro é dedicado ao meu pai. Sinto sua falta.

Impresso na China por 1010 Printing Group Ltd

Editor-geral: Isheeta Mustafi
Edição: Diane Leyman
Direção de arte: Emily Portnoi
Edição de arte: Jennifer Osborne
Design de miolo: FentonForeman
Capa: Alissa Dinallo (para Murdoch Books)
Ilustração: Peters & Zabransky
Pesquisa de imagem: Heidi Adnum

Coordenação editorial: Alice Dias
Assistente editorial: Renata Dib
Tradução: Débora Chaves
Revisão: Cristhiane Ruiz, Flora Pinheiro e Renata Dib
Adaptação de capa: Ana Paula Daudt Brandão
Diagramação: Inês Coimbra | ô de casa

CIP-BRASIL. CATALOGAÇÃO NA PUBLICAÇÃO
SINDICATO NACIONAL DOS EDITORES DE LIVROS, RJ

B937p Butcher, Christina

Paixão por cabelos / Christina Butcher; tradução de Débora Chaves; Rio de Janeiro: Sextante, 2015.
192 p.; il.; 17,9 x 22,8 cm.

Tradução de: The Hairstyle Directory
Inclui índice e apêndice
ISBN 978-85-431-0288-7

1. Cabelo – Cuidado e higiene. 2. Penteados. I. Título.

15-26223
CDD: 646.724
CDU: 646.72

Todos os direitos reservados, no Brasil, por
GMT Editores Ltda.
Rua Voluntários da Pátria, 45/1.404 – Botafogo
22270-000 – Rio de Janeiro – RJ
Tel.: (21) 2538-4100 – Fax: (21) 2286-9244
E-mail: atendimento@sextante.com.br
http://www.sextante.com.br

CHRISTINA BUTCHER

PAIXÃO POR CABELOS

Instruções passo a passo para criar 82 penteados incríveis

SEXTANTE

SUMÁRIO

Introdução 07

CAPÍTULO 1
RABOS DE CAVALO

Rabo de cavalo com topete. 10
Rabo de cavalo alto 12
Rabo de cavalo cacheado. 14
Rabo de cavalo escondido 16
Rabo de cavalo lateral 18
Meio rabo de cavalo 20
Rabo de cavalo com as pontas dobradas 22
Rabo de cavalo baixo. 24
Rabo de cavalo dividido 26
Rabo de cavalo torcido 28
Rabo de cavalo clássico dos anos 1960 . . 30
Rabo de cavalo despojado 32
Rabo de cavalo com gominhos. 34

CAPÍTULO 2
TRANÇAS

Trança básica 38
Trança reversa. 40
Trança embutida 42
Trança holandesa. 44
Faixa trançada 46
Trança angelical 48
Trança espinha de peixe 50
Trança de quatro mechas 52
Trança embutida de quatro mechas 54
Trança com laços. 56
Trança tripla. 58
Coque de trança 60
Trança de sereia. 62
Trança maria-chiquinha. 64
Maria-chiquinha com lenço 66

Trança baixa com maria-chiquinha. 68
Trança angelical em formato de coração . 70
Trança em cabelo curto. 72
Trança Heidi. 74
Trança em forma de 8 76
Trança grega 78
Trança tiara 80
Trança afro. 82
Trança lateral. 84
Trança tiara espinha de peixe. 86
Trança embutida lateral 88
Trança desigual. 90
Trança espinha de peixe embutida. 92
Trança corda 94
Trança meio presa em formato de coração 96
Trança com lenço. 98
Trança deslizante 100
Trança cascata 102
Trança cascata dupla 104
Trança corrente 106
Trança tiara holandesa 108
Trança cascata torcida 110
Trança pretzel 112

CAPÍTULO 3
COQUES, NÓS E TORCIDINHOS

Coque simples 116
Coque rosquinha 118
Coque trançado espinha de peixe 120
Coque alto desalinhado. 122
Coque simples trançado 124
Coque baixo desalinhado 126
Coque Gibson. 128
Coque banana 130
Coque com palito 132
Coque em forma de 8 134
Coque com trança invertida. 136

Coque lateral desalinhado 138
Coque duplo 140
Coque "torce e prende". 142
Coque baixo. 144
Coque cascata 146
Coque espiralado. 148
Coque com laço. 150
Coque meio preso com laço 152
Coque leque 154
Coque bailarina 156
Coque lateral trançado. 158
Coque espinha de peixe 160
Coque assimétrico. 162
Coque corda 164
Minicoques. 166
Coque triplo torcido 168
Coque alto trançado. 170

CAPÍTULO 4
BUFANTES

Bufante com maria-chiquinha 174
Bufante clássico dos anos 1960. 176
Coque colmeia 178

CAPÍTULO 5
ACESSÓRIOS

Acessórios para os penteados. 182
Orientação profissional 186

Glossário 187
Colaboradores 188
Índice 190
Agradecimentos 192

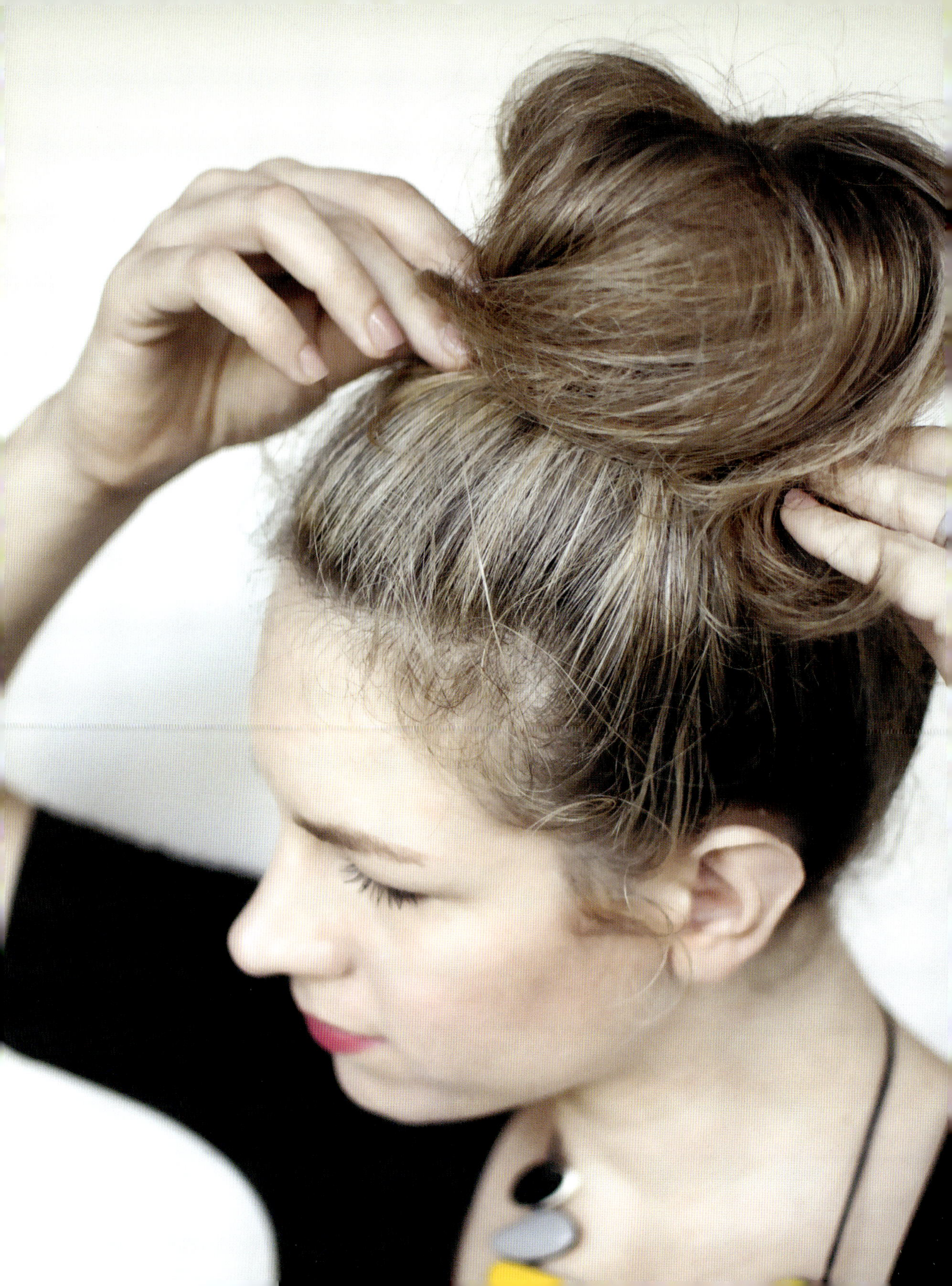

INTRODUÇÃO

Olá! Seja bem-vinda ao guia definitivo para criar looks lindos e práticos. Este livro traz dicas para você estar sempre com o visual incrível, mesmo naqueles dias em que seu cabelo parece não querer colaborar.

Você não está cansada de usar eternamente o mesmo penteado? Quer deixar o cabelo crescer, mas precisa descobrir como prendê-lo enquanto isso não acontece? Este livro pode ajudá-la. Aqui você vai encontrar estilos e variações de penteados em número suficiente para diversificar o visual diariamente durante três meses – a única desvantagem é se cansar de ouvir as pessoas perguntando onde é que aprendeu o novo look.

Este livro oferece informações sobre cada penteado de modo que você possa tirar o melhor proveito de seu acessório mais versátil: seu cabelo. Os capítulos são organizados por estilos: rabos de cavalo, tranças, coques, nós e torcidinhos, e bufantes. Cada penteado traz um passo a passo explicando como executá-lo, conta sua origem e oferece exemplos de quando e onde pode ser usado. Cada estilo é classificado de acordo com o nível de dificuldade e há também dicas e sugestões sobre como criar variações e quais acessórios experimentar. Uma lista de equipamentos e tutoriais ilustrados facilitam a realização dos penteados, e lindas fotografias mostram o resultado final. No fim do livro, há um capítulo dedicado aos acessórios, com todos os materiais necessários para fazer os penteados, além de um glossário e de um índice remissivo.

Descobrir que é possível fazer tantos penteados diferentes me deixou bem mais confiante. Durante anos tentei entender como lidar com meu cabelo e por muito tempo odiei a forma como ele ficava. Desde que desenvolvi as técnicas de torcer e prender (veja as páginas 142-143) e aprendi a pentear meu cabelo da forma correta, finalmente passei a gostar dele. Agora, quando vejo as pessoas experimentando novos looks, acho muito inspirador.

Meu objetivo é ajudar você a dominar as técnicas necessárias para aprender a curtir seu cabelo também. Este livro mostra como faço meus próprios penteados, e tenho certeza de que você não vai demorar a se apaixonar por todas as possibilidades que se abrirão à sua frente. O cabelo se tornará uma parte nova e excitante de seu guarda-roupa, pronto para ser customizado de acordo com a roupa e a ocasião.

Aproveite a sensação de segurança que um cabelo estiloso pode proporcionar. Se deu certo para mim, também dará certo para você!

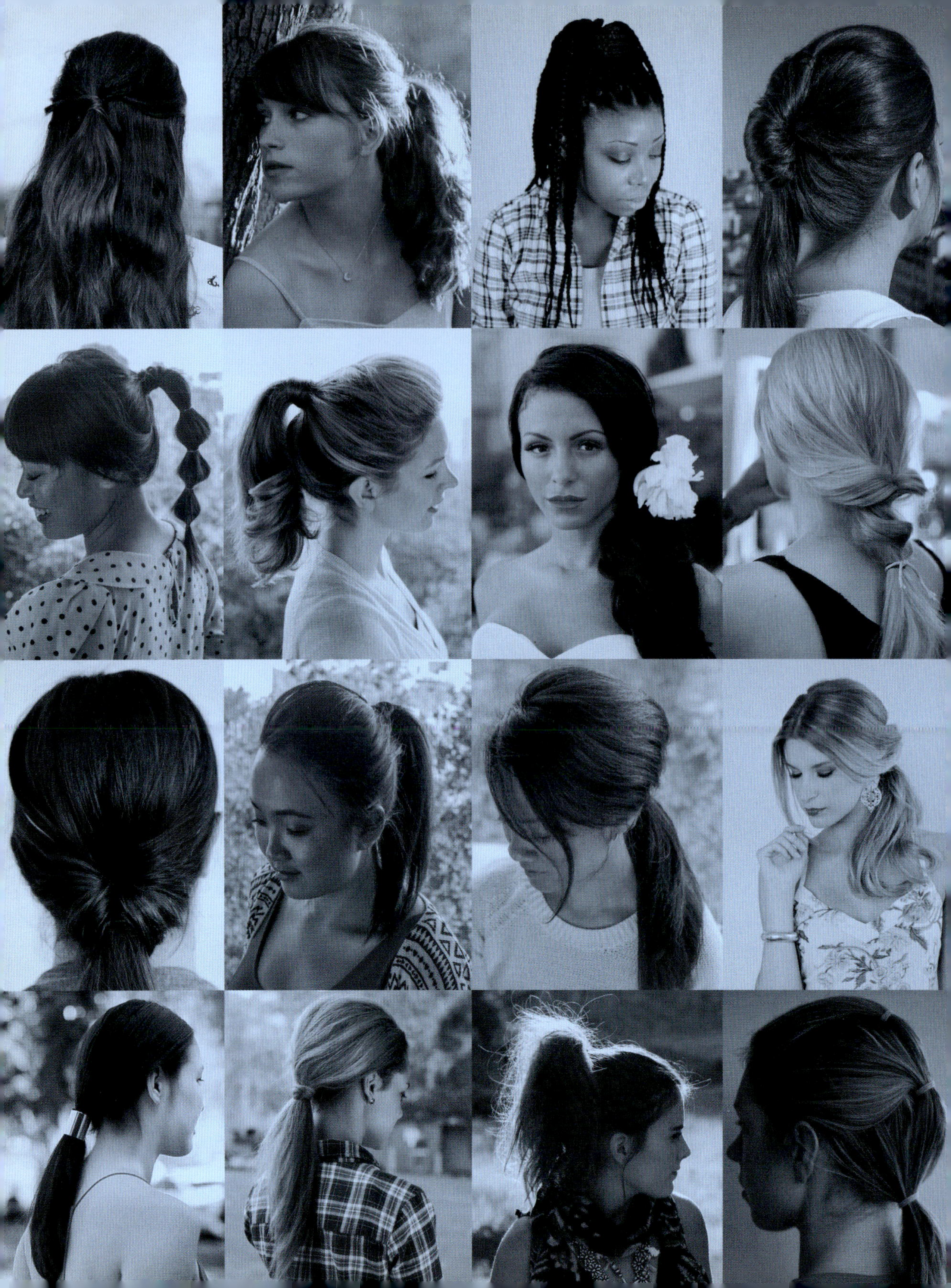

CAPÍTULO 1
RABOS DE CAVALO

RABO DE CAVALO COM TOPETE
O LOOK

O rabo de cavalo com topete é um penteado divertido que transforma um rabo de cavalo comum em algo especial – é um visual chique, porém com bossa. Para criar este look, basta desfiar a franja e a mecha do alto da cabeça para dar altura e volume. Este penteado aumenta o rosto pequeno e evoca um clima retrô.

NÍVEL DE DIFICULDADE
Fácil

COMPRIMENTO IDEAL DO CABELO
Longo

PRECISA DE APLIQUE?
Não. Mas você pode usar um aplique de rabo de cavalo se o seu cabelo for curto.

PRECISA DE AJUDA?
Não

ACESSÓRIOS
O topete funciona como um acessório, então você não precisa acrescentar nada. Um lenço ou um laço no rabo de cavalo pode dar um toque retrô.

DICA
Diversifique o visual fazendo cachos ou escovando o rabo de cavalo. Você pode também torcê-lo e fazer um coque alto como o das bailarinas (ver páginas 156-157) para criar um lindo penteado.

▶ **VEJA TAMBÉM**
Rabo de cavalo escondido (páginas 16-17) e o Coque Gibson (páginas 128-129).

Acima: penteado e produção de Christina Butcher, fotografia de Xavier Shen.
Abaixo à esquerda: penteado e fotografia de Christina Butcher, modelo Adeline Er.
Abaixo à direita: penteado de Christina Butcher, fotografia de Xiahon Shen, modelo Sinead Brady.

RABOS DE CAVALO

COMO FAZER O PENTEADO

VOCÊ VAI PRECISAR DE:

- Escova
- Pente para desfiar (opcional)
- Grampo
- Elástico de cabelo

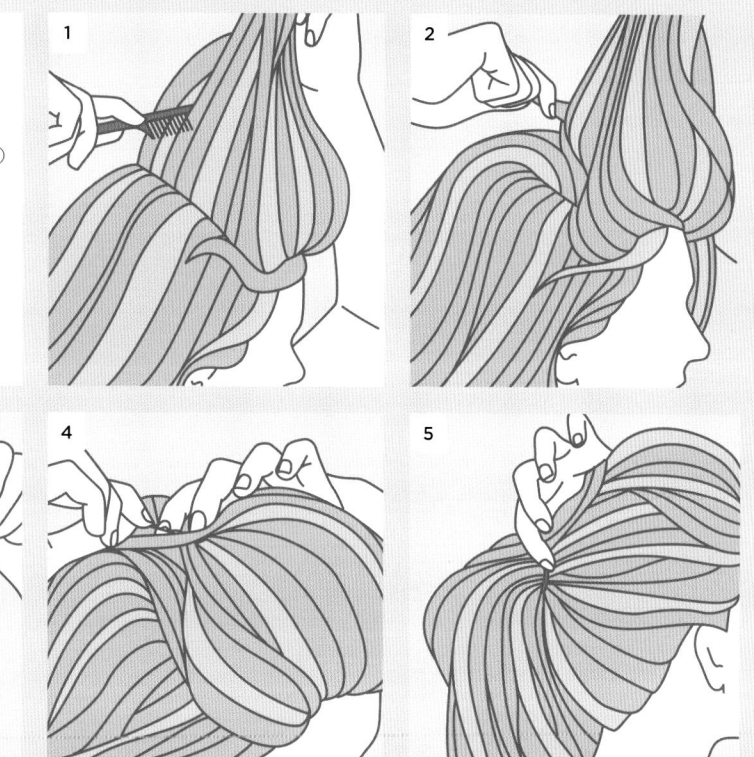

1-2. Levante a mecha do cabelo no alto da cabeça e comece a pentear de cima para baixo. Para criar volume use uma escova ou um pente de desfiar, começando no topo da cabeça e seguindo por mechas em direção à linha do cabelo.

3. Penteie suavemente o cabelo para trás para alisar os fios e criar o formato de topete.

4. Use um grampo bem atrás do topete para prendê-lo no lugar. Cruze os grampos fazendo um X para aumentar a fixação.

5. Junte o restante do cabelo num rabo de cavalo atrás da cabeça ou coloque-o um pouco mais no alto. Use um elástico da cor do seu cabelo ou enrole uma pequena mecha de cabelo ao redor do elástico para escondê-lo.

DICA IMPORTANTE

Se o seu cabelo é fino ou ralo, você vai precisar usar algum produto para segurar o topete e dar volume. Antes de começar, aplique mousse em todo o cabelo e use o secador para dar textura. Você pode ainda usar spray para ajudar a manter o topete no lugar ou usar um produto à base de sal marinho para dar resistência e criar volume.

RABO DE CAVALO ALTO
O LOOK

O rabo de cavalo no topo da cabeça tem um ar feminino e divertido. Elegante, ele balança enquanto você caminha, num estilo simples e chique que não parece exigir maiores esforços. Apesar do estilo casual, o rabo de cavalo alto é arrumado o suficiente para ser usado no ambiente de trabalho, principalmente se você tem um compromisso à noite ou uma reunião durante o dia. O segredo para este visual é manter o cabelo todo puxado para trás. Para um estilo mais jovial e esportivo, mantenha a finalização um pouco mais solta e esvoaçante.

NÍVEL DE DIFICULDADE
Fácil

COMPRIMENTO IDEAL DO CABELO
Longo

PRECISA DE APLIQUE?
Não. Mas você pode usar um aplique de rabo de cavalo se o seu cabelo for curto.

PRECISA DE AJUDA?
Não

ACESSÓRIOS
Se você precisar prender a franja, basta um grampo enfeitado com pedrinhas. Presilhas metálicas podem fazer com que esse rabo de cavalo alto fique ainda mais chique.

DICA
Use o rabo de cavalo bem puxado se o seu cabelo for liso, ou dê uma cacheada na ponta para um visual mais despojado. Isso vai fazer com que o rabo de cavalo balance enquanto você caminha.

VEJA TAMBÉM
Rabo de cavalo dividido (páginas 26-27) e Coque rosquinha (páginas 118-119)

Acima: penteado, fotografia e modelo por Emily Goswick.
Abaixo: penteado, fotografia e modelo por Emily M. Meyers/The Freckled Fox.

COMO FAZER O PENTEADO

VOCÊ VAI PRECISAR DE:

- Escova raquete com cerdas separadas
- Escova de cerdas sintéticas
- Elástico
- Grampos
- Spray fixador

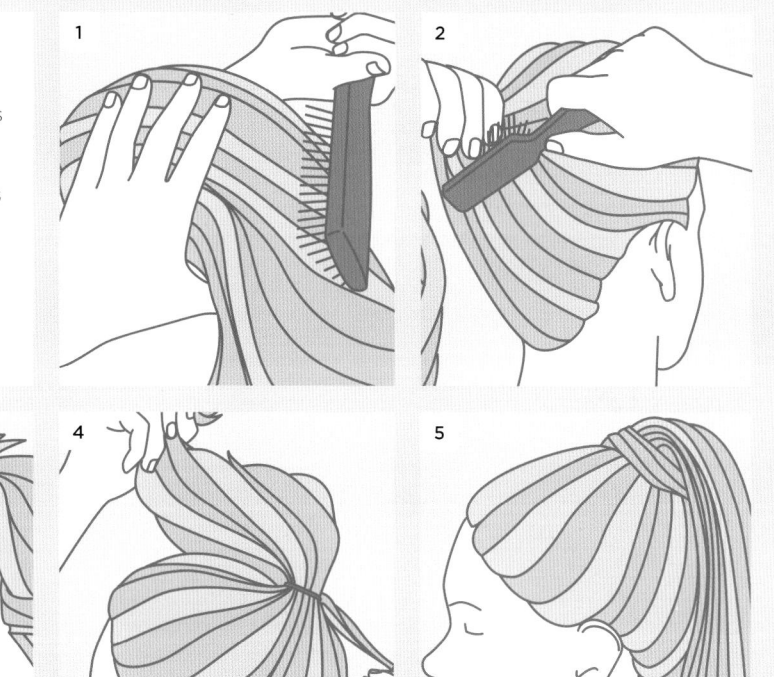

1. Escove o cabelo para tirar todos os nós e deixar os fios desembaraçados. Use uma escova raquete grande para juntar todo o cabelo no alto da cabeça.
2-3. Pegue uma escova menor de cerdas sintéticas e junte todo o cabelo num rabo de cavalo. Você pode usar a escova maior, mas conseguirá controlar melhor com a menor.
4. Prenda o rabo de cavalo com um elástico. Ele precisa ficar bem preso no alto ou próximo do topo da cabeça. Separe uma pequena mecha do rabo de cavalo e enrole-a por cima do elástico para escondê-lo. Use um grampo para prender a ponta embaixo do rabo de cavalo, de modo que fique invisível.
5. Use spray fixador para domar os fios arrepiados e manter o rabo de cavalo elegante ou deixe alguns fios soltos para dar um look mais casual e descontraído.

DICA IMPORTANTE

Para manter o rabo de cavalo bem puxado, vaporize o spray fixador na escova e use-a para alisar os fios arrepiados. Esta técnica não deixará o cabelo pesado e vai manter os fios no lugar. Este é um segredo de *backstage*.

RABO DE CAVALO CACHEADO
O LOOK

O penteado é perfeito para quem tem o cabelo naturalmente cacheado, mas você também pode usar um modelador para criar seus próprios cachos. O segredo para este penteado é usar um elástico com um gancho em cada ponta para que você enrole ao redor do rabo de cavalo e assim evite ter que puxar seus cachos por dentro do elástico apertado. Isso faz com que os cachos fiquem mais definidos e menos arrepiados.

NÍVEL DE DIFICULDADE
Fácil

COMPRIMENTO IDEAL DO CABELO
Médio a longo

PRECISA DE APLIQUE?
Não

PRECISA DE AJUDA?
Não

ACESSÓRIOS
Enfeite o rabo de cavalo com uma flor ou opte pelo visual básico, com uma faixa, para manter a franja no lugar.

DICA
Este rabo de cavalo pode ser usado em qualquer posição: tudo depende de seus cachos e de como você gosta de usá-los. Experimente prender o cabelo num rabo de cavalo alto (veja as páginas 12-13), juntar seus cachos na nuca para um rabo de cavalo baixo ou puxar tudo sobre o ombro para um rabo de cavalo lateral.

VEJA TAMBÉM
Rabo de cavalo lateral (páginas 18-19) e Rabo de cavalo baixo (páginas 24-25).

Acima: penteado, fotografia e modelagem por Christina Butcher.
Abaixo à esquerda: penteado de Christina Butcher, fotografia de Xiaohan Shen, modelo Delphine Peyriere.
Abaixo à direita: penteado de Christina Butcher, fotografia de Xiahon Shen, modelo Ornella Joaquim.

COMO FAZER O PENTEADO

VOCÊ VAI PRECISAR DE:

- Creme para cabelo cacheado ou gel (opcional)
- Secador e difusor (opcional)
- Modelador de cabelo de 2,5 cm (opcional)
- Elástico com gancho
- Grampos (opcional)

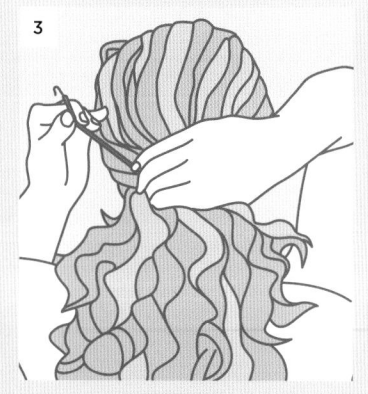

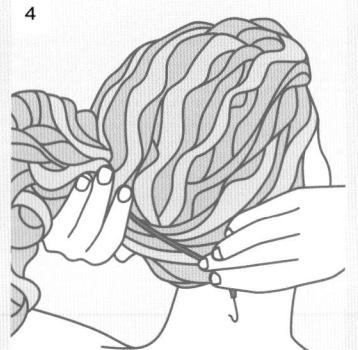

1. Modele seus cachos do modo que você costuma usar. Para o cabelo naturalmente cacheado, use um creme específico ou gel e deixe que seque naturalmente. Você pode usar um difusor acoplado ao seu secador para secar o cabelo mais rápido. Quem tem o cabelo liso precisa usar o modelador de cabelo de 2,5 cm para enrolar o cabelo. Aplique-o em mechas pequenas, começando pela parte interna e vá até o alto da cabeça. Passe os dedos para separar os cachos para criar um visual natural.
2. Use os dedos para juntar o cabelo num rabo de cavalo. É melhor não usar escovas e pentes, pois eles desfazem os cachos e os deixam arrepiados.
3-4. Pegue o elástico com gancho e prenda-o na base do rabo de cavalo. Enrole-o ao redor do cabelo até que ele esteja suficientemente firme. Coloque o outro gancho no cabelo para segurar o rabo de cavalo.
5. Os cachos devem esconder o elástico. Outra opção é prender uma pequena mecha ao redor do rabo de cavalo.

DICA IMPORTANTE

Para deixar os cachos definidos e sem fios arrepiados, não use escova ou pente no cabelo seco. Em vez disso, use os dedos para fazer o rabo de cavalo. Depois de lavar o cabelo, não esfregue a toalha porque isso deixará os fios arrepiados. Tire o excesso de água pressionando a toalha e seque com o secador.

RABO DE CAVALO ESCONDIDO
O LOOK

O rabo de cavalo escondido é perfeito para quem tem cabelo longo e acha difícil manter o rabo de cavalo arrumado. É um penteado despojado, embora sofisticado, que funciona bem tanto de dia quanto de noite. Separar o cabelo do alto da cabeça facilita manter o rabo de cavalo alto. Faça um movimento de torção com a mecha do alto da cabeça e enrole-a na base do rabo de cavalo. Ao esconder o elástico com a mecha torcida, mantenha o ângulo para baixo para que o rabo de cavalo fique preso achatado contra a nuca.

NÍVEL DE DIFICULDADE
Médio

COMPRIMENTO IDEAL DO CABELO
Médio a longo

PRECISA DE APLIQUE?
Não, mas você pode usar um aplique de rabo de cavalo se o seu cabelo for curto.

PRECISA DE AJUDA?
Não

ACESSÓRIOS
Seu cabelo funciona como um acessório nesse penteado, enrolado ao redor do rabo de cavalo para criar uma torção. Um grampo ornamentado ou com flores pode ser colocado na lateral da torção para criar um visual mais sofisticado para a noite.

DICA
Ajuste a posição do rabo de cavalo para criar um visual diferente. Por exemplo, você pode fazer um rabo de cavalo bem alto ou deixá-lo baixo na base da nuca.

> **VEJA TAMBÉM**
> Coque simples (páginas 116-117) e Coque banana (páginas 130-131)

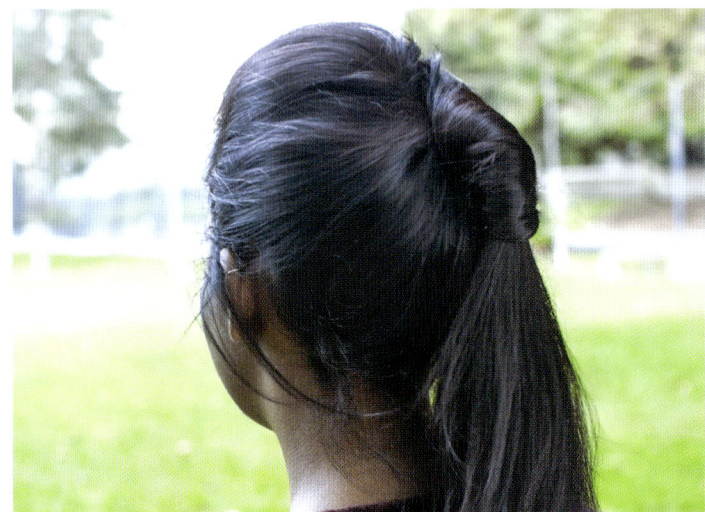

Acima: penteado e fotografia de Christina Butcher, modelo Na Ly.
Abaixo: penteado e fotografia de Christina Butcher, modelo Nicole Jeyaraj.

COMO FAZER O PENTEADO

VOCÊ VAI PRECISAR DE:

- Escova
- Piranha de cabelo
- Elástico
- Grampos
- Spray (opcional)

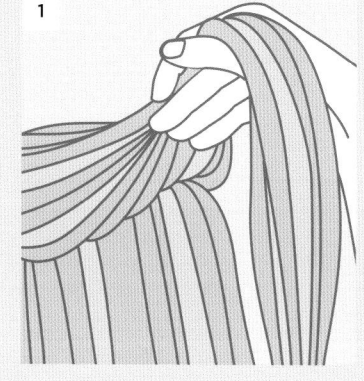

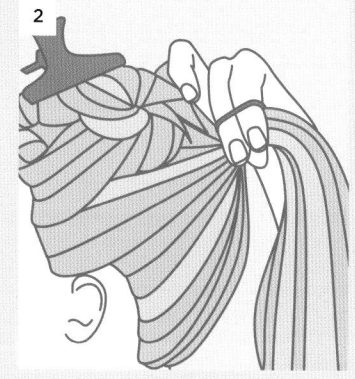

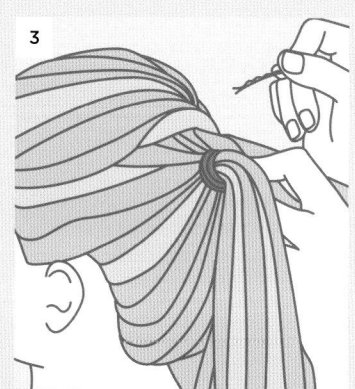

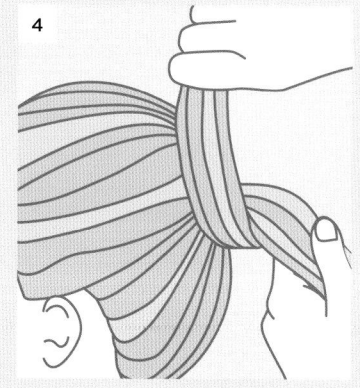

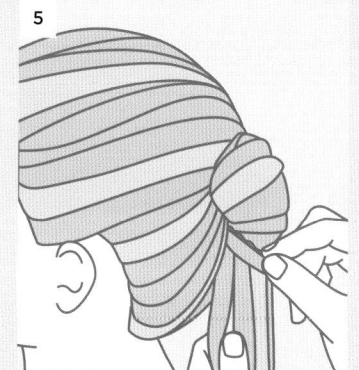

1. Escove o cabelo para retirar todos os nós antes de começar. Separe uma mecha no alto da cabeça e prenda com uma piranha.
2. Junte o restante do cabelo num rabo de cavalo no topo da cabeça. Tente deixar a base do rabo de cavalo perto da mecha que você prendeu no alto. Prenda o rabo de cavalo no lugar com um elástico.
3. Solte a mecha e ajuste a frente para ficar um topete. Use um grampo para prender logo acima do rabo de cavalo.
4. Enrole o restante do cabelo do alto da cabeça ao redor do rabo de cavalo. Mantenha o mais próximo possível da base do rabo de cavalo para evitar que o cabelo deslize enquanto você o enrola. Prenda a ponta da mecha com um grampo.
5. Achate o rabo de cavalo contra a sua cabeça e use alguns grampos para mantê-lo no lugar.

DICA IMPORTANTE

Para conseguir um bom acabamento, prenda a ponta do rabo de cavalo enquanto você ajusta a parte torcida de modo que ela fique achatada contra a nuca. Prenda os grampos na diagonal e, para reforçar, coloque dois grampos cruzados num X. Finalize com spray fixador.

RABO DE CAVALO LATERAL
O LOOK

Que tal trazer o tradicional rabo de cavalo para a lateral? Com essa variação simples você pode criar um penteado fácil para o dia a dia, porém com um acabamento mais chique. Diversas estrelas de cinema já foram vistas usando o cabelo assim, o que ajudou a popularizar o look assimétrico e divertido. É um penteado moderno e funciona tanto para cabelo cacheado quanto para cabelo liso. Cobrir o elástico com uma mecha de cabelo deixa o acabamento impecável.

NÍVEL DE DIFICULDADE
Fácil

COMPRIMENTO IDEAL DO CABELO
Médio a longo

PRECISA DE APLIQUE?
Não

PRECISA DE AJUDA?
Não

ACESSÓRIOS
Use flores no cabelo para dar um clima romântico. Presilhas decoradas para o rabo de cavalo são acessórios que podem dar a esse penteado um toque de verão perfeito para um dia na praia.

DICA
Se tem uma franja, você pode torcê-la ou trançá-la para juntá-la no rabo de cavalo na lateral da cabeça. Por que não experimentar uma trança espinha de peixe em seu rabo de cavalo? Siga o passo a passo das páginas 50-51 para combinar esses dois estilos.

VEJA TAMBÉM
Trança lateral (páginas 84-85) e Coque lateral trançado (páginas 158-159)

Acima: fotografia de Plum Pretty Sugar (cortesia). Penteado de Makeup 1011 e Katie M, fotografia de Marisa Holmes.
Abaixo à esquerda: penteado de Amber Rose Hair + Makeup, fotografia de Eliesa Johnson, roupa de Anne Kristine Lingerie, modelo Lindsay.
Abaixo à direita: penteado de Flavia Carolina com Versa Artistry, fotografia de Heather Nan.

COMO FAZER O PENTEADO

VOCÊ VAI PRECISAR DE:

- Escova
- Elástico
- Grampo

1. Escove o cabelo para tirar os nós. Reparta o cabelo de lado.
2. Junte todo o cabelo no lado oposto do repartido e use um elástico para prender num rabo de cavalo lateral.
3. Separe uma pequena mecha do rabo de cavalo.
4. Enrole a mecha no elástico para cobri-lo.
5. Prenda a ponta da mecha embaixo do rabo de cavalo com um grampo para mantê-lo no lugar.

DICA IMPORTANTE

Não faça o rabo de cavalo muito alto, pois isso vai tirar o visual moderno que está tentando conquistar. Em vez disso, deixe que ele fique sobre o ombro para um look mais casual.

MEIO RABO DE CAVALO
O LOOK

Crie um elegante penteado meio preso com a metade de um rabo de cavalo, um estilo clássico que se adequa a muitas situações. Como é rápido e fácil de fazer, o meio rabo de cavalo é perfeito para ocasiões sociais mais informais, mas tem sofisticação suficiente para o ambiente profissional formal ou para uma saída noturna. O meio rabo de cavalo funciona com todos os tipos de cabelo, desde os finos e lisos até os grossos e cacheados. O estilo pode se transformar de romântico em moderno com o acessório certo.

NÍVEL DE DIFICULDADE
Fácil

COMPRIMENTO IDEAL DO CABELO
Médio para longo

PRECISA DE APLIQUE?
Não

PRECISA DE AJUDA?
Não

ACESSÓRIOS
Enfeite este penteado simples com flores, presilhas, grampos ou tic tacs. Prenda um laço na parte de trás para um visual romântico ou use flores para dar um toque boho.

DICA
Combine esse penteado com o rabo de cavalo com as pontas dobradas (veja páginas 22-23) para criar um visual ainda mais estiloso.

▶ **VEJA TAMBÉM**
Trança tiara espinha de peixe (páginas 86-87) e Trança cascata (páginas 102-103)

Acima: penteado, fotografia e modelo por Christina Butcher.
Abaixo: penteado de Christina Butcher, fotografia de Xiahon Shen, modelo Sophia Phan.

COMO FAZER O PENTEADO

VOCÊ VAI PRECISAR DE:

- Escova
- Grampo
- Elástico de cabelo

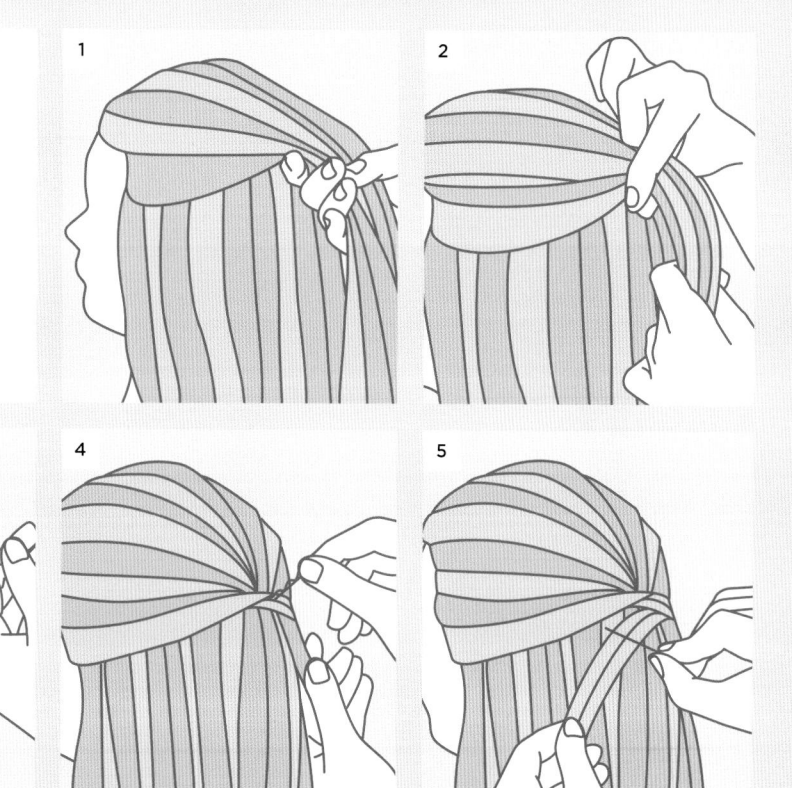

1. Reparta o cabelo numa linha reta um pouco acima da orelha ao redor de toda a parte de trás da cabeça e separe essa parte do cabelo.
2. Prenda esta parte do cabelo com o elástico na parte de trás da cabeça.
3. Pegue uma mecha fina de cabelo um pouco acima da orelha esquerda e enrole-a ao redor do elástico.
4. Prenda essa mecha fina com um grampo para que não saia do lugar.
5. Repita a operação no lado direito, separando uma mecha fina de cabelo para esconder o elástico, e prenda com um grampo.

DICA IMPORTANTE

Ao prender as mechas de cabelo que estão cobrindo o elástico, coloque o grampo na vertical depois vire-o para cima e empurre-o levemente na diagonal. Esconder o elástico com o próprio cabelo transforma esse penteado num look versátil e elegante.

RABO DE CAVALO COM AS PONTAS DOBRADAS
O LOOK

Transforme o rabo de cavalo tradicional virando-o para dentro e faça uma releitura do clássico penteado. Assim, você consegue dar volume e textura e criar uma nova dimensão para o penteado. O nó que resulta na base do rabo de cavalo funciona como acessório, embora uma presilha enfeitada com flores possa ser usada para dar um toque colorido. Perfeito para ir à faculdade, ao trabalho ou para sair com as amigas.

NÍVEL DE DIFICULDADE
Fácil

COMPRIMENTO IDEAL DO CABELO
Médio a longo

PRECISA DE APLIQUE?
Não

PRECISA DE AJUDA?
Não

ACESSÓRIOS
Prefira elásticos da cor de seu cabelo para que fiquem invisíveis. Acrescente um grampo ou uma presilha com flor entre as mechas enroladas para dar um toque elegante e formal.

DICA
Combine este penteado com o meio rabo de cavalo (ver páginas 20-21) para criar um estilo meio preso. Você também pode fazer mais duas ou três camadas dobradas. Combine essa técnica com a do rabo de cavalo com gominhos (ver páginas 34-35).

▶ **VEJA TAMBÉM**
Meio rabo de cavalo (páginas 20-21) e Rabo de cavalo com gominhos (páginas 34-35)

Acima: fotografia de Brooklyn Tweed (cortesia). Penteado de Veronica Avery, fotografia de Jared Flood, modelo Stephanie Gelot.
Abaixo à esquerda: penteado e fotografia de Marie-Pierre Sander.
Abaixo à direita: penteado e fotografia de Christina Butcher, modelo Fiana Stewart.

COMO FAZER O PENTEADO

VOCÊ VAI PRECISAR DE:

- Escova
- Elástico
- Agulha modeladora

1. Escove o cabelo para desembaraçar. Junte o cabelo num rabo de cavalo na base da cabeça ou abaixo do pescoço e prenda com um elástico.
2. Pegue a agulha modeladora e coloque-a no cabelo acima do elástico.
3. Puxe o rabo de cavalo para cima através da abertura da agulha modeladora.
4. Enquanto segura a ponta do rabo de cavalo no alto, puxe a agulha modeladora para baixo. Pode ser necessário ajustar o acessório conforme o elástico é virado. Continue puxando o cabelo para baixo até que todo ele tenha passado pela abertura.
5. Ajuste as partes torcidas para que fiquem arrumadas.

DICA IMPORTANTE

É possível fazer este penteado sem a agulha modeladora: basta usar os dedos para criar um espaço acima do elástico e virar o rabo de cavalo por dentro desse espaço. Uma alternativa é fazer o seu próprio acessório com um arame revestido de tecido.

RABO DE CAVALO BAIXO
O LOOK

O rabo de cavalo baixo é um penteado fácil e elegante que cai bem em qualquer situação. Preso na altura da nuca, ele deixa a base da cabeça reluzente, além de dar a impressão de que o cabelo é mais longo. Mais formal do que o rabo de cavalo no topo da cabeça, esse penteado é um clássico que se adequa a todos os tipos de cabelo e de comprimento. Você pode mantê-lo chique deixando o cabelo dividido ao meio ou repartir o cabelo na lateral para um ar mais glamouroso.

NÍVEL DE DIFICULDADE
Fácil

COMPRIMENTO IDEAL DO CABELO
Médio a longo

PRECISA DE APLIQUE?
Não, mas você pode usar um aplique de rabo de cavalo se o seu cabelo for curto.

PRECISA DE AJUDA?
Não

ACESSÓRIOS
Com um penteado tão simples, qualquer acessório pode transformar o visual e adequá-lo a diferentes ocasiões.

DICA
O modo de repartir o cabelo muda o estilo deste penteado. Você pode usar repartido no meio para ter um visual simétrico ou na lateral para ter um visual mais arrumado e sofisticado, ou ainda repartido numa lateral bem baixa para criar um look noturno mais glamouroso.

VEJA TAMBÉM
Coque baixo (páginas 144-145) e Coque corda (páginas 164-165)

Acima: penteado de Christina Butcher, fotografia de Xiaohan Shen, modelo Tash William.
Abaixo: penteado e fotografia de Christina Butcher, modelo Emily Yeo.

COMO FAZER O PENTEADO

VOCÊ VAI PRECISAR DE:

- Escova
- Pente com cabo (opcional)
- Grampo
- Elástico de cabelo
- Spray fixador (opcional)

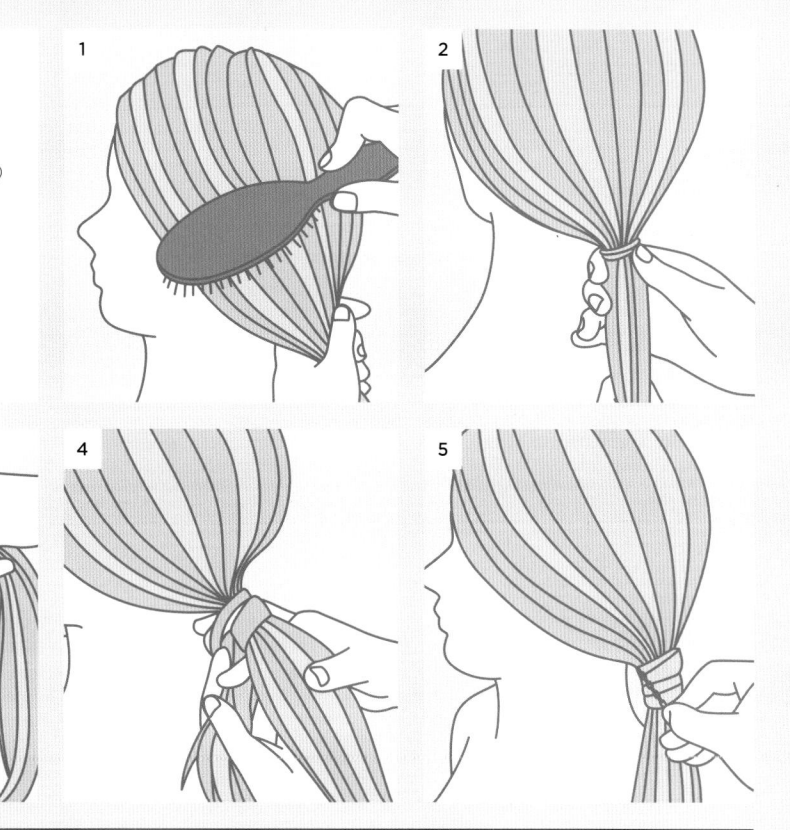

1. Penteie o cabelo para retirar os nós. Decida onde quer reparti-lo: pode seguir a linha natural do cabelo ou usar o cabo do pente para fazer uma nova linha. Penteie o cabelo para trás e prenda num rabo de cavalo baixo, bem na base da nuca.
2. Prenda o cabelo com um elástico e ajuste o rabo de cavalo de modo que ele fique firme na cabeça.
3-5. Esconda o elástico com uma pequena mecha retirada do próprio rabo de cavalo, enrolando-a ao redor da base. Prenda a ponta da mecha com um grampo.

DICA IMPORTANTE

Para manter o rabo de cavalo arrumado, borrife o spray fixador na escova antes de pentear o cabelo. Esse é um ótimo truque dos cabelereiros: o rabo de cavalo não fica com um visual pesado, mas ainda assim os fios se mantêm no lugar.

RABO DE CAVALO DIVIDIDO
O LOOK

O rabo de cavalo dividido é uma variação elegante do clássico rabo de cavalo baixo. Estrela das passarelas de moda, este penteado tem o poder de transformar o rabo de cavalo básico num penteado mais sofisticado. O rabo de cavalo dividido mantém o comprimento do cabelo e ao mesmo tempo dá um toque estiloso, e pode ser usado tanto de dia quanto de noite.

NÍVEL DE DIFICULDADE
Fácil

COMPRIMENTO IDEAL DO CABELO
Longo

PRECISA DE APLIQUE?
Não, mas você pode usar um aplique de rabo de cavalo se o seu cabelo for médio.

PRECISA DE AJUDA?
Não

ACESSÓRIOS
Use elásticos transparentes para deixar o rabo de cavalo elegante, ou opte por fitas coloridas para criar uma versão divertida. Para sair à noite, use uma presilha com pedrinhas para enfeitar.

DICA
Divida o rabo de cavalo em quatro ou cinco partes ao separar mechas menores de cabelo na parte de trás de sua cabeça. Você pode fazer isso até a ponta do cabelo, como no rabo de cavalo com gominhos (ver páginas 34-35).

VEJA TAMBÉM
Rabo de cavalo com gominhos (páginas 34-35) e Coque baixo (páginas 144-145)

Acima: penteado e fotografia de Christina Butcher, modelo Adeline Er.
Abaixo à esquerda: penteado e fotografia de Christina Butcher, modelo Willa Zheng.
Abaixo à direita: penteado, fotografia e modelo por Christina Butcher.

COMO FAZER O PENTEADO

VOCÊ VAI PRECISAR DE:

- Escova
- 3 elásticos de cabelo
- Sérum capilar ou silicone
- Spray fixador

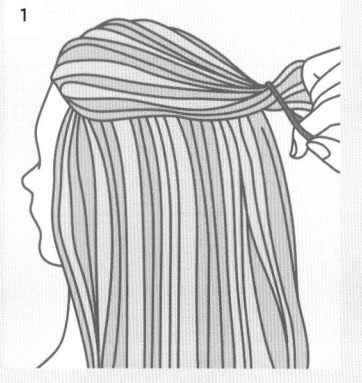

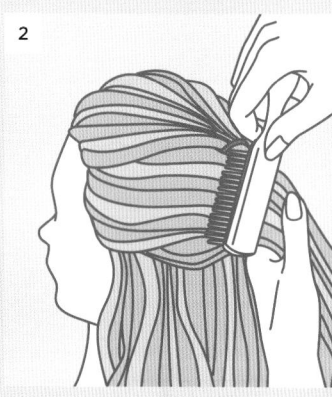

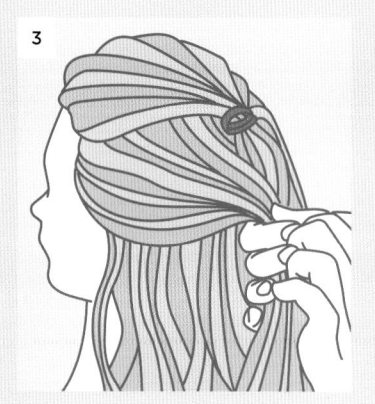

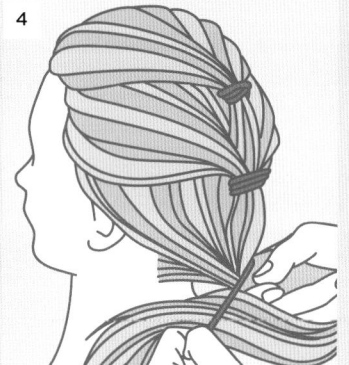

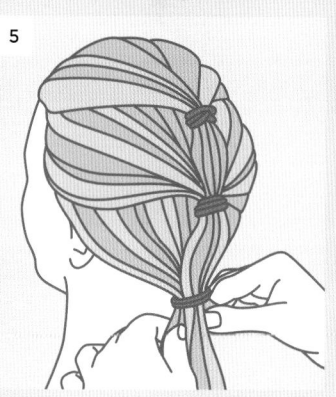

1. Faça um rabo de cavalo no alto da cabeça com um terço do cabelo e prenda com um elástico.
2. Penteie a parte do cabelo na altura da orelha para criar um segundo rabo de cavalo que incorpore o primeiro.
3. Prenda esta segunda parte toda com um elástico.
4. Junte todo o cabelo num rabo de cavalo na base da nuca e prenda com um elástico.
5. Passe o sérum capilar ou o silicone no rabo de cavalo e finalize com uma leve borrifada de spray para prender qualquer fio solto.

DICA IMPORTANTE

Borrife o spray na escova em vez de fazer isso diretamente no cabelo, depois escove levemente para prender os fios esvoaçantes. Se o seu cabelo é cortado em camadas, enrole as pontas de modo que elas não escapem do rabo de cavalo.

RABO DE CAVALO TORCIDO
O LOOK

Incorpore mechas torcidas e sobrepostas para dar personalidade ao rabo de cavalo. Criar pequenas mechas torcidas que se juntam à parte principal do rabo de cavalo dá um visual chique e moderno, perfeito para uma ocasião mais social – prepare-se para responder muitas vezes como você fez o penteado. Este rabo de cavalo funciona muito bem se você tiver o cabelo cortado em camadas. Se não for o caso, um aplique pode ajudar a criar um penteado mais cheio.

NÍVEL DE DIFICULDADE
Médio

COMPRIMENTO IDEAL DO CABELO
Médio a longo

PRECISA DE APLIQUE?
Não

PRECISA DE AJUDA?
Não

ACESSÓRIOS
Este penteado não precisa de acessórios, pois já é muito elaborado devido às mechas torcidas e cruzadas.

DICA
Em vez de torcer, experimente trançar as mechas. Isso vai dar mais textura ao penteado. Se preferir, divida as seções laterais em mais subseções – quatro ou mesmo cinco pequenas partes torcidas para juntar ao rabo de cavalo e assim criar um visual mais trabalhado.

VEJA TAMBÉM
Rabo de cavalo com as pontas dobradas (páginas 22-23) e Trança figura de oito (páginas 76-77)

Acima: penteado e fotografia de Christina Butcher, modelo Monica Richmond.
Abaixo: penteado e fotografia de Christina Butcher, modelo Willa Zheng.

COMO FAZER O PENTEADO

VOCÊ VAI PRECISAR DE:

- Escova
- Grampos
- Elástico de cabelo

1. Escove o cabelo para desembaraçar os fios. Separe uma mecha de cabelo de cada lado e prenda o restante do cabelo num rabo de cavalo.
2. Separe cada parte em três partes menores.
3. Comece com a parte mais baixa; torça a mecha e depois enrole ao redor do rabo de cavalo. Prenda a ponta com um grampo.
4. Repita o processo no outro lado, depois passe para a parte do meio e assim por diante.
5. Continue torcendo cada mecha e prendendo a ponta ao redor com um grampo.

DICA IMPORTANTE

Um truque para manter o cabelo no lugar é desfiar a ponta de cada mecha, enrolá-la ao redor do elástico e então prendê-la com um grampo. Prender a ponta do cabelo com um grampo vai facilitar o trabalho. Você também pode torcer um pouco cada mecha antes de enrolá-la em torno do elástico do rabo de cavalo, pois isso ajuda a manter as pontas presas.

RABO DE CAVALO CLÁSSICO DOS ANOS 1960
O LOOK

Liberte a Brigitte Bardot que existe em você neste rabo de cavalo de inspiração retrô. O alto da cabeça ganha um desfiado leve para criar volume e deixar o rabo de cavalo baixo, na base da nuca. As pontas enroladas do rabo de cavalo deixam o penteado com um visual glamouroso dos anos 1960.

NÍVEL DE DIFICULDADE
Fácil

COMPRIMENTO IDEAL DO CABELO
Longo

PRECISA DE APLIQUE?
Não, mas você pode usar um aplique de rabo de cavalo se o seu cabelo for médio.

PRECISA DE AJUDA?
Não

ACESSÓRIOS
Se você tem franja, pode usar uma presilha bonita para prendê-la. Franjas divididas na lateral reforçam o visual sessentinha.

DICA
Mantenha um visual desalinhado e frouxo bem ao estilo Bardot, e não se esqueça dos olhos marcados com delineador estilo "gatinho". Para um penteado chique mais adequado para a noite, torça o rabo de cavalo e faça um *chignon* na base da nuca.

▶ **VEJA TAMBÉM**
Rabo de cavalo com topete (páginas 10-11) e Bufante clássico dos anos 1960 (páginas 176-177)

Acima: penteado e fotografia de Christina Butcher, modelo Patricia Almaro.
Abaixo: penteado de Christina Butcher, fotografia de Xiaohan Shen, modelo Dorothy Jean Joly.

RABOS DE CAVALO

COMO FAZER O PENTEADO

VOCÊ VAI PRECISAR DE:

- Escova de cerdas ou pente
- Spray fixador (opcional)
- Elástico
- Grampo

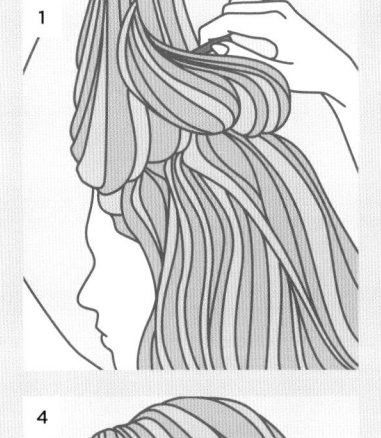

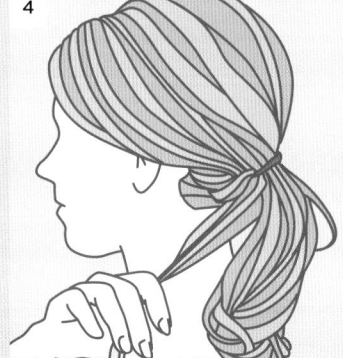

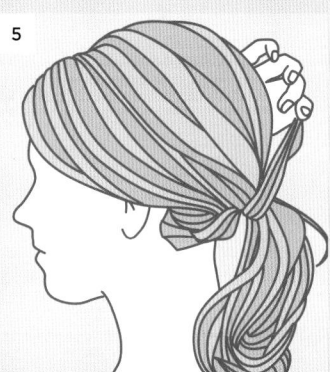

1. Separe o cabelo em duas partes, uma em cima e outra embaixo. Desfie o topo da cabeça com um pente ou uma escova de cerdas para criar o volume e o formato bufante. Use um pouco de spray se quiser mais fixação.

2. Junte todo o cabelo num rabo de cavalo e prenda-o com um elástico. Não prenda muito no alto, já que a ideia é manter o máximo de volume possível na parte de cima da cabeça. Puxe com suavidade o cabelo do alto para criar um visual solto que combine com o estilo sessentinha.

3. Alise a parte de cima do cabelo com o pente ou a escova para criar um visual arredondado.

4. Separe uma mecha fina de cabelo na base do rabo de cavalo para esconder o elástico.

5. Prenda as pontas do cabelo com um grampo.

DICA IMPORTANTE

Este penteado precisa de uma base forte. Dependendo do seu tipo de cabelo, use um produto para dar volume. Aplique um pouco de mousse no cabelo ainda úmido e seque com secador e uma escova redonda. Se o cabelo for ondulado, no segundo dia depois de lavado a fixação natural vai segurar bem o penteado.

RABO DE CAVALO DESPOJADO
O LOOK

Existe arte nesse rabo de cavalo simples e de estilo aparentemente pouco elaborado. É o ar parisiense chique daquele look desalinhado tipo "acordei e saí" feito de propósito. Para conseguir o rabo de cavalo certo, você precisa começar dando mais textura ao fio, o que é possível com a ajuda de um bom produto ou deixando para fazer o penteado um dia depois de lavar o cabelo. Esse estilo funciona bem em quem tem fios finos e lisos, mas também fica ótimo nos cabelos cacheados ou grossos.

NÍVEL DE DIFICULDADE
Fácil

COMPRIMENTO IDEAL DO CABELO
Médio a longo

PRECISA DE APLIQUE?
Não

PRECISA DE AJUDA?
Não

ACESSÓRIOS
A discrição nos acessórios é a melhor opção para manter o estilo despojado desse rabo de cavalo. Uma fita fina ou uma presilha floral de cor neutra é tudo de que o penteado precisa.

DICA
Mude a altura do rabo de cavalo – experimente no alto da cabeça ou mais baixo, na base da nuca. Use a suavidade desse estilo e transforme seu rabo de cavalo desalinhado num rabo de cavalo lateral e ganhe assim um visual assimétrico.

VEJA TAMBÉM
Coque baixo desalinhado, (páginas 126-127) e Coque lateral desalinhado (páginas 138-139)

Acima e abaixo: penteado, fotografia e modelo por Alison Titus.

RABOS DE CAVALO

COMO FAZER O PENTEADO

VOCÊ VAI PRECISAR DE:

- Pente para desfiar (opcional)
- Grampos
- Elástico de cabelo
- Spray com sal marinho ou pó modelador (opcional)

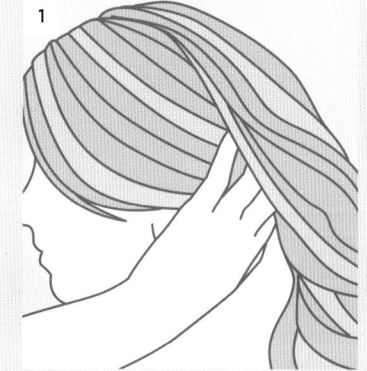

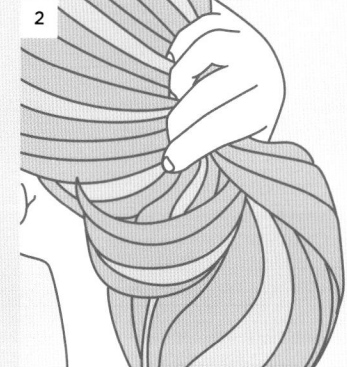

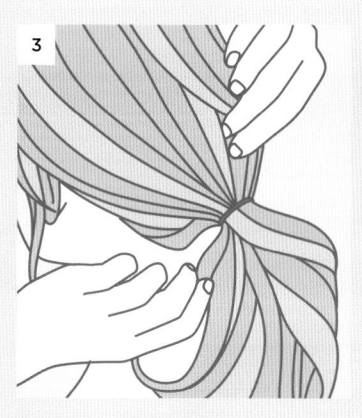

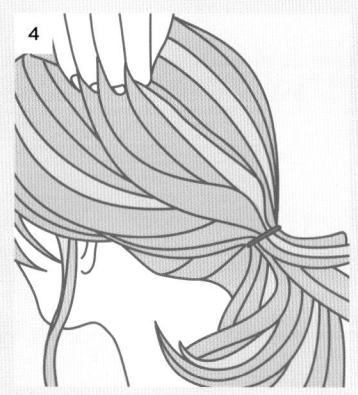

1. Para manter esse look o mais desalinhado possível, esqueça a escova. Você pode usar o pente para desfiar levemente a raiz e assim ganhar um pouco de volume, mas isso é opcional.
2. Use os dedos para prender o cabelo num rabo de cavalo de altura média na parte de trás da cabeça.
3. Prenda o cabelo com elástico.
4. Puxe o cabelo acima do elástico com suavidade para que ele não fique muito grudado na cabeça. Esfregue os fios entre os dedos para ganhar um pouco mais de textura.

DICA IMPORTANTE

O estilo desalinhado funciona melhor no dia depois de lavar o cabelo, quando os fios têm mais textura. Se você não quiser esperar, use um spray de sal marinho ou um pó modelador para dar mais aspereza e textura. Isso vai imitar o efeito despojado que você está procurando.

RABO DE CAVALO COM GOMINHOS
O LOOK

Dono de um estilo característico, o rabo de cavalo com gominhos é divertido, porém elegante, e muito fácil de fazer. Afofe cada parte do rabo de cavalo para criar um visual diferente. Esse estilo combina a funcionalidade de manter o cabelo bonito e arrumado com um visual despojado, perfeito para um dia na companhia dos amigos.

NÍVEL DE DIFICULDADE
Fácil

COMPRIMENTO IDEAL DO CABELO
Longo

PRECISA DE APLIQUE?
Não, mas você pode usar um aplique de rabo de cavalo se o seu cabelo for curto.

PRECISA DE AJUDA?
Não

ACESSÓRIOS
Para um visual mais sóbrio, use elásticos que combinem com a cor de seu cabelo. Para criar um look divertido, você pode usar elásticos metalizados, presilhas ou grampos coloridos.

DICA
Este penteado funciona muito bem no cabelo liso, embora também possa ser usado por quem tem cabelo cacheado ou crespo. Por que não combinar o rabo de cavalo com gominhos com o rabo de cavalo dividido (ver páginas 26-27)? Divida o cabelo na parte de trás e desça num rabo de cavalo baixo com gominhos localizado na base da nuca. Você pode ainda usar este penteado na lateral ou torcê-lo num coque simples para ganhar mais textura.

▶ **VEJA TAMBÉM**
Trança desigual (páginas 90-91) e Coque simples (páginas 116-117)

Acima: penteado e fotografia de Christina Butcher, modelo Carolyn Mach.
Abaixo: penteado e fotografia de Christina Butcher, modelo Nicole Jeyaraj.

COMO FAZER O PENTEADO

VOCÊ VAI PRECISAR DE:

- Escova
- 4-6 elásticos (dependendo do comprimento do cabelo)

1. Escove o cabelo para remover os nós. Junte todo o cabelo num rabo de cavalo na parte de trás da cabeça e prenda com um elástico. Você pode fazer o rabo de cavalo no topo da cabeça se quiser um visual com mais movimento.
2. Pegue um elástico e prenda a uma distância de 5 cm da base do rabo de cavalo.
3. Continue colocando os elásticos em distâncias iguais ao longo da extensão do rabo de cavalo.
4. Continue!
5. Quando acabar, puxe suavemente cada parte do cabelo para afofar e destacar o formato do gomo.

DICA IMPORTANTE

Puxar com cuidado cada parte do cabelo não apenas destaca o formato característico desse rabo de cavalo como também faz com que seu cabelo pareça mais volumoso.

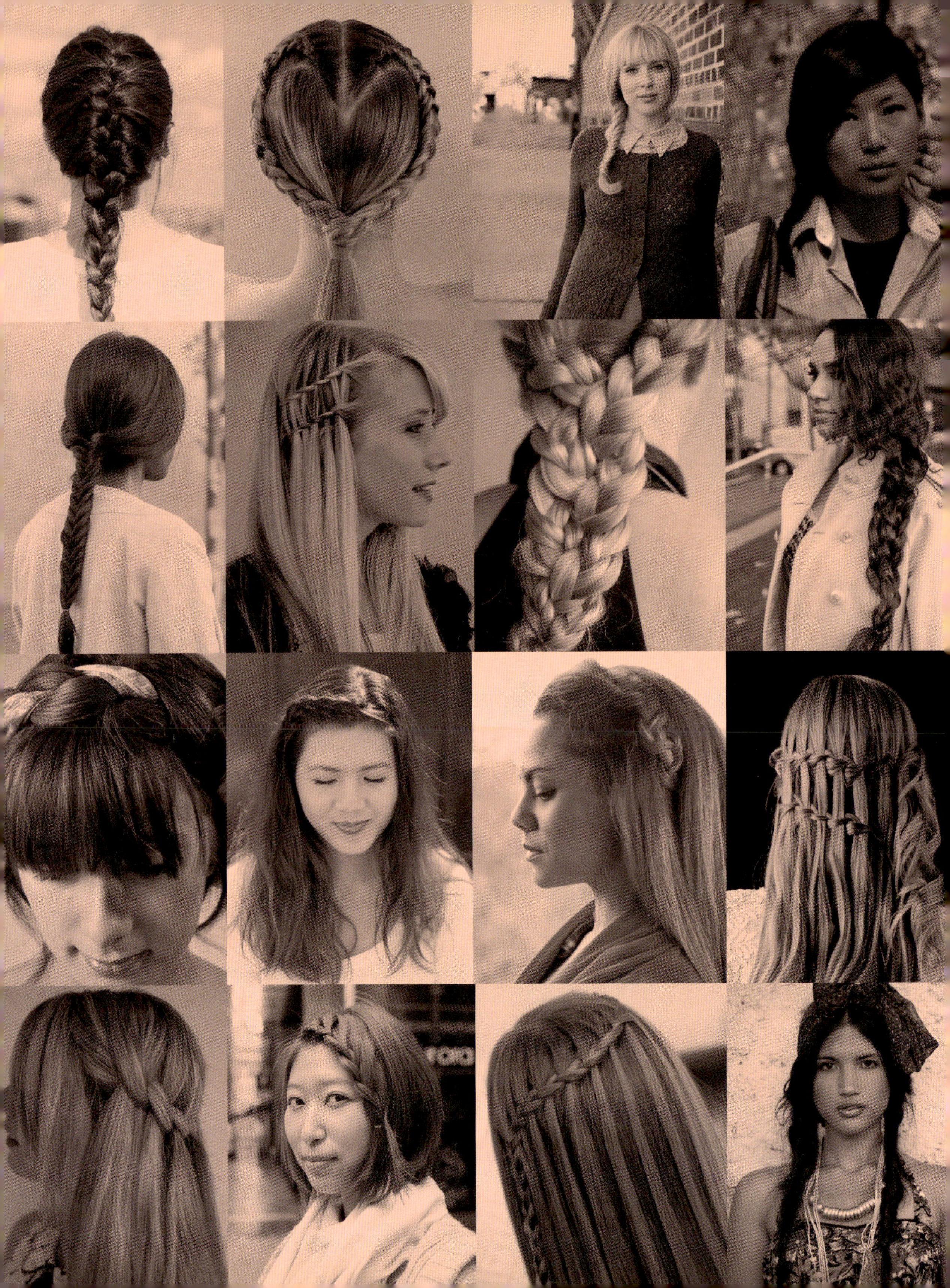

CAPÍTULO 2
TRANÇAS

TRANÇA BÁSICA
O LOOK

A trança simples é a referência que você usará para fazer todos os estilos de tranças, mas ela sozinha também é um lindo penteado. O processo envolve o entrelaçamento de três mechas ao longo da extensão do cabelo. É uma das técnicas mais versáteis de pentear e fica bem em todos os tipos de cabelos. A trança pode ser usada de muitas maneiras, como você verá ao longo deste capítulo.

NÍVEL DE DIFICULDADE
Fácil

COMPRIMENTO IDEAL DO CABELO
Médio a longo

PRECISA DE APLIQUE?
Não

PRECISA DE AJUDA?
Não

ACESSÓRIOS
Faça a trança junto com uma fita para um acabamento bonito, ou use flores para criar um estilo romântico.

DICA
É possível trançar qualquer parte do cabelo – na parte de trás da cabeça ou na lateral sobre o ombro – ou fazer combinações, como, por exemplo, a trança com o meio rabo de cavalo (ver páginas 20-21), que resulta num meio rabo de cavalo trançado, ou ainda a trança com o rabo de cavalo alto (ver páginas 12-13), que resulta num rabo de cavalo alto trançado.

▶ **VEJA TAMBÉM**
Faixa trançada (páginas 46-47) e Trança tripla (páginas 58-59)

Acima: penteado, fotografia e modelo por Emily Goswick.
Abaixo: penteado de Christina Butcher, fotografia de Xiaohan Shen, modelo Laura Muheim.

COMO FAZER O PENTEADO

VOCÊ VAI PRECISAR DE:

- Escova
- Elástico de cabelo

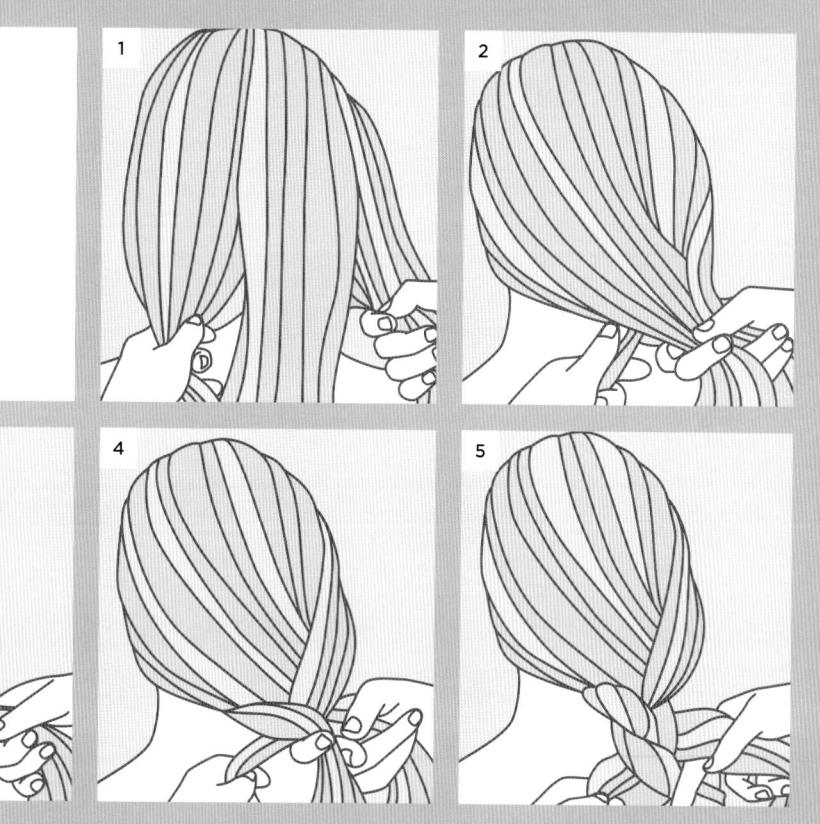

1. Escove o cabelo para desembaraçar e divida-o em três partes iguais.
2. Cruze a parte esquerda sobre a do meio. Depois, pegue a parte da direita e cruze-a sobre a parte da esquerda (agora no meio). A trança vai começar a tomar forma.
3. Agora, cruze a parte esquerda sobre a do meio e então repita a operação, cruzando a parte da direita sobre a esquerda (agora no meio).
4. Conforme você vai descendo, cruze as partes de fora sobre a do meio para formar a trança.
5. Quanto terminar, prenda a ponta da trança com um elástico.

DICA IMPORTANTE

Usar elásticos transparentes pequenos ajuda na hora de criar penteados com tranças, pois eles não aparecem e, portanto, não atrapalham o acabamento. "Abra" as laterais da trança para afrouxar um pouco a trama e alongá-la. Isso fará com que seu cabelo pareça mais volumoso e destacará o formato.

TRANÇA REVERSA
O LOOK

A trança reversa é exatamente isso – o inverso de uma trança básica, muitas vezes chamada de trança pelo avesso ou trança invertida. A técnica é a mesma da trança básica, mas em vez de cruzar as mechas de cabelo por cima, o cruzamento é feito por baixo. Com isso, você deixa à mostra a estrutura da trança e faz com que ela fique mais frouxa e afastada da cabeça. Funciona muito bem em todos os tipos de cabelo.

NÍVEL DE DIFICULDADE
Fácil

COMPRIMENTO IDEAL DO CABELO
Médio a longo

PRECISA DE APLIQUE?
Não

PRECISA DE AJUDA?
Não

ACESSÓRIOS
Use uma presilha bonita para enfeitar ou entrelace uma fita junto com a trança para dar um toque especial.

DICA
Duas tranças invertidas são a base da trança de sereia (ver páginas 62-63), ou você pode transformar sua trança num coque – basta torcer e prender.

▶ **VEJA TAMBÉM**
Trança holandesa (páginas 44-45) e Trança tiara (páginas 80-81)

Acima: penteado de Christina Butcher, fotografia de Xiaohan Shen, modelo Deauvanné.
Abaixo à esquerda: penteado de Christina Butcher, fotografia de Xiaohan Shen, modelo Dorothy Jean Joly.
Abaixo à direita: penteado e fotografia de Christina Butcher, modelo Carolyn Mach.

COMO FAZER O PENTEADO

VOCÊ VAI PRECISAR DE:

- Escova
- Elástico de cabelo

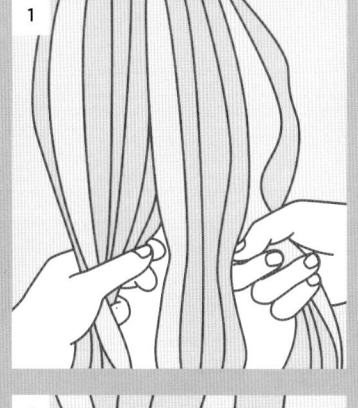

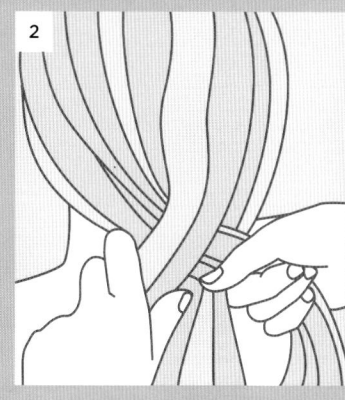

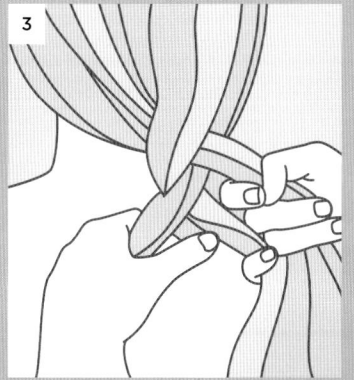

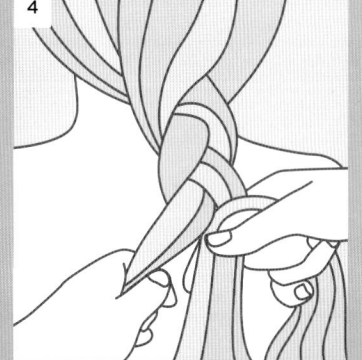

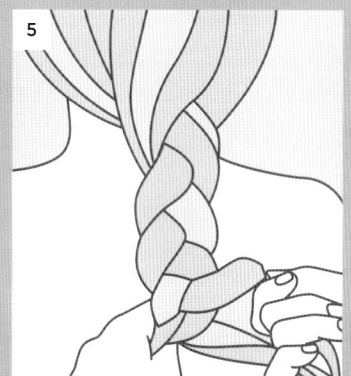

1. Desembarace o cabelo com a escova e depois divida-o em três partes iguais.
2. Cruze a parte da esquerda por baixo da parte do meio. Depois, pegue a parte da direita e cruze-a por baixo da esquerda (agora no meio). A trança vai começar a tomar forma.
3. Agora, cruze a parte esquerda por baixo da parte do meio e então repita a operação, cruzando a parte da direita por baixo da esquerda (agora no meio).
4. Conforme você vai descendo, cruze as partes de fora sobre a do meio para formar a trança.
5. Quanto terminar, prenda a ponta da trança com um elástico.

DICA IMPORTANTE

Assim como na trança básica, use um elástico transparente pequeno para prender a ponta, de modo que ele não interfira no visual do penteado. Estique as laterais da trança para que ela pareça mais grossa e cheia. Essa esticadinha vai deixá-la ainda mais estruturada.

TRANÇA EMBUTIDA
O LOOK

A trança embutida (ou francesa) é um clássico. O processo começa com a técnica básica, e então pequenas mechas são adicionadas das laterais conforme o penteado vai descendo pela nuca. A trança embutida fica bem próxima da cabeça e é uma bela maneira de usar o cabelo preso. Ela fica ótima em todos os tipos de cabelo – crespo, ondulado e liso – e pode ser feita em cabelos de todos os comprimentos, desde a altura dos ombros até os muito longos.

NÍVEL DE DIFICULDADE
Médio

COMPRIMENTO IDEAL DO CABELO
Médio a longo

PRECISA DE APLIQUE?
Não

PRECISA DE AJUDA?
Sim, mas com a prática é possível fazer sozinha.

ACESSORIOS
Faça a trança junto com uma fita para destacar a estrutura ou use elástico enfeitado na ponta da trança para dar um acabamento especial.

DICA
Assim que você aprender a técnica da trança francesa, poderá criar diversas variações de penteados, como, por exemplo, a meia trança, a trança na diagonal, a trança em "S" ou mesmo um coque com a trança invertida.

▶ **VEJA TAMBÉM**
Trança embutida lateral (páginas 88-89) e Coque com trança invertida (páginas 136-137)

Acima: penteado e produção de Christina Butcher, fotografia de Xavier Shen e modelo Sophia Phan.
Abaixo à esquerda: penteado, fotografia e modelo por Suzy Wimbourne Photography.
Abaixo à direita: penteado e modelo por Christina Butcher, fotografia de Xiahon Shen.

COMO FAZER O PENTEADO

VOCÊ VAI PRECISAR DE:

- Escova
- Elástico de cabelo

1. Comece separando uma mecha de cabeço no topo da cabeça e dividindo-a em três partes iguais. Da mesma forma que você faz uma trança básica, cruze a parte da esquerda sobre a do meio e a direita sobre a esquerda (agora no meio).
2. Quando você cruzar novamente a parte esquerda sobre a do meio, pegue um pouco mais de cabelo do lado esquerdo e misture com a mecha esquerda.
3. Depois, no lado direito, cruze essa parte sobre o meio e acrescente outra mecha de cabelo do lado direito da mão. Dessa forma, você vai conseguir formar uma trança básica, mas acrescentando mechas de cabelo conforme vai descendo.
4. Continue trançando e acrescentando mechas iguais de cabelo dos dois lados.
5. Quando todo o cabelo estiver trançado, prenda a ponta com um elástico.

DICA IMPORTANTE

Para manter a trança reta, preste atenção na sua mão não dominante - se você for destra, se concentre na sua mão esquerda. Além disso, olhe para baixo enquanto faz a trança. Se a sua cabeça estiver virada, a trança não ficará reta. Certifique-se de que as mechas estão iguais, e mantenha a trança esticada (mas não apertada demais) enquanto trabalha.

TRANÇA HOLANDESA
O LOOK

Agora que você já praticou bastante fazendo a trança básica e a trança embutida, pode passar para a trança holandesa, que é basicamente uma trança embutida feita ao contrário – tanto que ela também é conhecida como trança invertida. Em vez de sobrepor uma mecha sobre a outra, o cruzamento é feito por baixo, de modo que a trama fique em destaque. Esse penteado combina com cabelo liso, mas também fica bonito no cabelo crespo.

NÍVEL DE DIFICULDADE
Médio

COMPRIMENTO IDEAL DO CABELO
Médio a longo

PRECISA DE APLIQUE?
Não

PRECISA DE AJUDA?
Sim, mas com a prática é possível fazer sozinha.

ACESSÓRIOS
Como na trança embutida, se quiser dar um ar mais romântico, acrescente fitas ou presilhas. Para um penteado mais descontraído, prefira flores.

DICA
Essa técnica versátil pode ser usada em diversos penteados, podendo ainda ganhar variações que permitirão a criação de muitos looks. Experimente trançar o cabelo na diagonal ou fazer um coque com trança invertida (ver páginas 136-137).

▶ **VEJA TAMBÉM**
Trança maria-chiquinha (páginas 64-65) e Trança afro (páginas 82-83).

Acima: penteado, fotografia e modelo por Christina Butcher.
Abaixo: penteado de Christina Butcher, fotografia de Xiaohan Shen, modelo Dorothy Jean Joly.

TRANÇAS

COMO FAZER O PENTEADO

VOCÊ VAI PRECISAR DE:

- Escova
- Elástico de cabelo

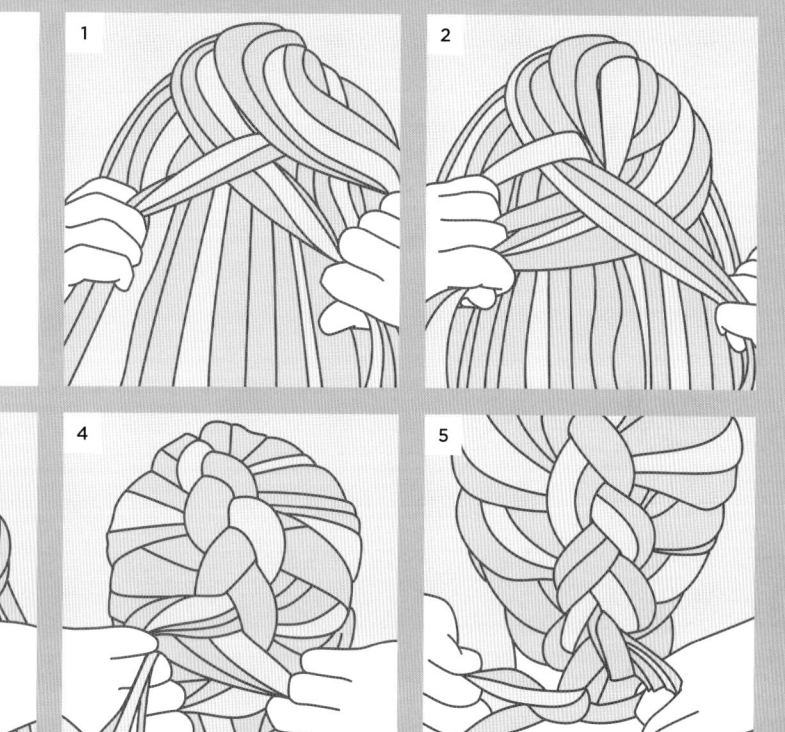

1. Comece separando uma mecha de cabelo no alto da cabeça e dividindo em três partes iguais. Comece trançando a parte da esquerda por baixo da do meio e a parte da direita debaixo da esquerda (agora no meio).
2. Passe a parte esquerda debaixo da parte do meio novamente, e acrescente uma pequena mecha de cabelo tirada da lateral esquerda.
3. Continue no lado direito, passando a mecha da direita por baixo e acrescentando uma pequena mecha de cabelo tirada do lado direito. Dessa forma você vai manter o entrelaçamento da trança reversa, só que acrescentando mechas por baixo.
4. Continue fazendo a trança ao longo da cabeça, sempre acrescentando mechas do mesmo tamanho das laterais.
5. Quando todo o cabelo estiver trançado, finalize como uma trança reversa normal e prenda a ponta com um elástico.

DICA IMPORTANTE

Esta trança exige um pouco de prática, mas tem a vantagem de durar mais do que a trança embutida, pois as camadas de cabelo não precisam ir até o topo da cabeça. A trança holandesa fica mais bonita quando sua trama está mais "aberta", pois isso permite que o formato se destaque e dá a impressão de que o cabelo é mais grosso.

FAIXA TRANÇADA
O LOOK

Crie o acessório perfeito usando o seu próprio cabelo. Duas tranças escondidas que se cruzam no alto da cabeça para formar uma faixa trançada na linha atrás da orelha. Trata-se de um penteado delicado, mas incrivelmente firme, que dá um toque bucólico ao seu visual. É perfeito para um piquenique no parque ou para se divertir com os amigos ao ar livre.

NÍVEL DE DIFICULDADE
Médio

COMPRIMENTO IDEAL DO CABELO
Médio a longo

PRECISA DE APLIQUE?
Não

PRECISA DE AJUDA?
Não

ACESSÓRIOS
Nesse penteado, o próprio cabelo é o acessório, portanto, nenhum outro adorno é necessário. Mas é possível incluir flores ou fitas no trançado da faixa para dar uma dimensão extra à finalização do penteado.

DICA
Se o seu cabelo é muito longo, faça uma única trança e cruze-a sobre o alto da cabeça. Se ele for mais curto, opte por fazer duas tranças, pois isso dá a impressão de que a faixa é mais grossa. Trata-se de um penteado ótimo para quem tem cabelo liso, mas que também cai bem no cabelo crespo ou cacheado. Você pode ainda cachear o restante do cabelo e deixá-lo solto, ou prendê-lo num coque frouxo.

▶ **VEJA TAMBÉM**
Trança Heidi (páginas 74-75) e Trança corrente (páginas 106-107)

Acima: penteado, fotografia e modelo por Christina Butcher.
Abaixo: fotografia e modelo por Emily M. Meyers/The French Freckled Fox.

COMO FAZER O PENTEADO

VOCÊ VAI PRECISAR DE:

- Escova
- Grampo tipo clip
- 2 elásticos transparentes pequenos
- Grampos

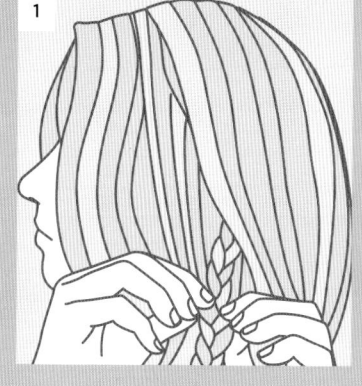

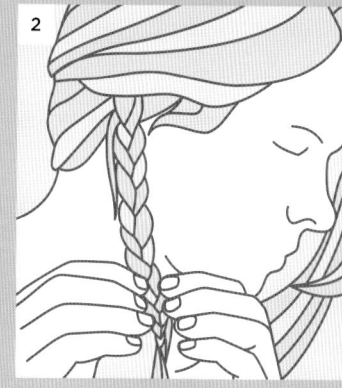

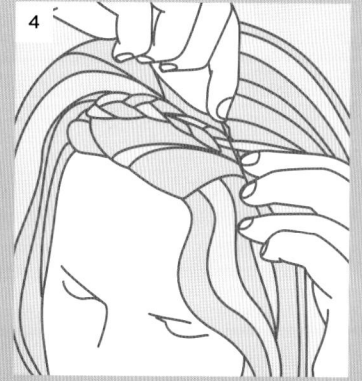

1. Comece escovando o cabelo para desembaraçar. Prenda-o com um grampo tipo clip e separe uma mecha de 3 cm de trás da orelha esquerda. Trance essa mecha e prenda a ponta com um elástico transparente. Puxe as laterais da trança para afrouxá-la e esticá-la. Se você começar a "abrir" a trança logo acima do elástico e fizer isso até o alto, pode realmente aumentar o formato da trança e fazer com que pareça mais grossa.
2. Repita essa operação no lado direito, com uma mecha de 3 cm de trás da orelha direita. Não se esqueça de "abrir" a trança.
3-4. Puxe uma das tranças sobre a cabeça, como se fosse uma faixa, e prenda no alto da cabeça com um grampo.
5. Cruze a outra trança sobre a primeira e prenda com um grampo. Enfie as pontas das tranças embaixo uma da outra e esconda-as. Se necessário, use mais grampos e prenda as duas tranças juntas para uma fixação mais firme.

DICA IMPORTANTE

Se o seu cabelo é longo, você pode trançar apenas um dos lados e obter uma faixa completa. Nesse caso, tente fazer o trançado puxando o cabelo para cima. Se começar as tranças na direção descendente, elas não ficarão niveladas atrás das orelhas.

TRANÇA ANGELICAL
O LOOK

A trança angelical é uma espécie de trança embutida, só que feita de lado. Ela geralmente é feita ao longo da linha do cabelo para manter os fios longe do rosto. Esse lindo penteado pode ser adaptado para enfeitar apenas um lado da cabeça ou pode ser feito mais para trás, de modo a funcionar como uma faixa trançada.

NÍVEL DE DIFICULDADE
Médio

COMPRIMENTO IDEAL DO CABELO
Longo

PRECISA DE APLIQUE?
Não

PRECISA DE AJUDA?
Não

ACESSÓRIOS
Essa trança funciona como uma faixa, portanto, não há necessidade de outros adornos.

DICA
Esse penteado fica ótimo tanto para cabelo crespo quanto para liso. A trança não precisa ser feita na altura da linha do cabelo – ela pode ser trançada no topo da cabeça, como se fosse uma faixa larga, ou acompanhando a curva da cabeça, como uma trança tiara (ver páginas 80-81).

▶ **VEJA TAMBÉM**
Faixa trançada (páginas 46-47) e Trança angelical em formato de coração (páginas 70-71).

Acima: penteado, fotografia e modelo por Christina Butcher.
Abaixo: penteado de Christina Butcher, fotografia de Xiaohan Shen, modelo Sophia Phan.

TRANÇAS

COMO FAZER O PENTEADO

VOCÊ VAI PRECISAR DE:

- Escova
- Grampo tipo clip
- Elástico de cabelo
- Grampo

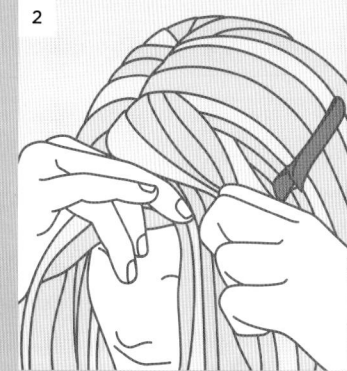

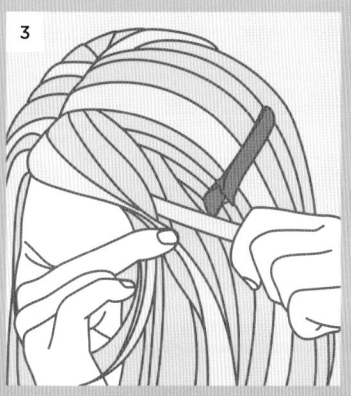

1. Escove o cabelo e reparta numa lateral bem baixa.
2. Separe uma mecha de cerca de 5 cm ao longo da linha do cabelo. Use um grampo com clip para prender o restante do cabelo, de modo que não atrapalhe a confecção da trança.
3. Divida a mecha em três partes e comece uma trança embutida (ver páginas 42-43). Em vez de acrescentar mechas menores nas duas laterais da trança, use apenas o cabelo da parte da frente. A trança ao longo da linha do cabelo permite que o restante do cabelo fique arrumado.
4. Continue a trançar o cabelo até a orelha, acrescentando mechas da frente e depois finalize com uma trança básica e prenda a ponta com um elástico. Direcione a trança para que ela passe atrás da orelha e prenda com grampos. Arrume o cabelo de modo que ele esconda a ponta da trança.

DICA IMPORTANTE

Se você usa franja, as camadas mais curtas podem se destacar no meio da trança. Para disfarçá-las, coloque grampos nas pontas que estiverem aparecendo e prenda atrás e embaixo da trança. Se você tem cabelo fino, pode fazer um desfiado leve no alto da cabeça para que a ponta da trança fique escondida pelo cabelo.

TRANÇA ESPINHA DE PEIXE
O LOOK

Esta trança é uma das favoritas de quem tem cabelo longo porque parece ser elaborada e complicada, mas é incrivelmente fácil de fazer. Também conhecida como escama de peixe, a trança espinha de peixe é feita com o cabelo repartido em dois e depois cruzando pequenas mechas de um lado para o outro. Ela funciona muito bem em penteados mais elaborados, pois sua textura incomum acrescenta uma bossa diferente a vários tipos de penteado.

NÍVEL DE DIFICULDADE
Médio

COMPRIMENTO IDEAL DO CABELO
Longo

PRECISA DE APLIQUE?
Não

PRECISA DE AJUDA?
Sim

ACESSÓRIOS
O visual romântico por excelência é a trança espinha de peixe desalinhada e a coroa floral – num penteado despojado, nada arrumado ou certinho demais.

DICA
Torça a trança espinha de peixe e a transforme num coque *chignon*. A textura singular da espinha de peixe dá um toque especial a coques de todos os tipos. Estique as laterais da trança para criar um visual leve, ou faça três tranças espinhas de peixe e as entrelace para fazer uma trança tripla (ver páginas 58-59).

▸ **VEJA TAMBÉM**
Trança tiara espinha de peixe (páginas 86-87) e Coque espinha de peixe (páginas 160-161)

No alto: a foto é cortesia de Fine Featherheads. Fotografia de Kate Broussard, da Soulshots Photography.
Abaixo à esquerda: penteado, fotografia e modelo por Christina Butcher.
Abaixo à direita: a foto é cortesia de Brooklyn Tweed. Penteado de Karen Schaupeter, fotografia de Jared Flood, modelo Hannah Metz.

COMO FAZER O PENTEADO

VOCÊ VAI PRECISAR DE:

- Escova
- Elástico de cabelo transparente pequeno

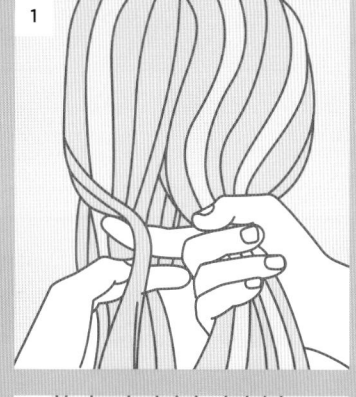

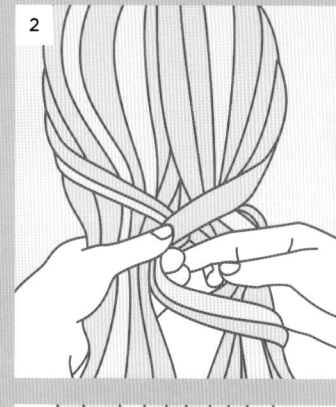

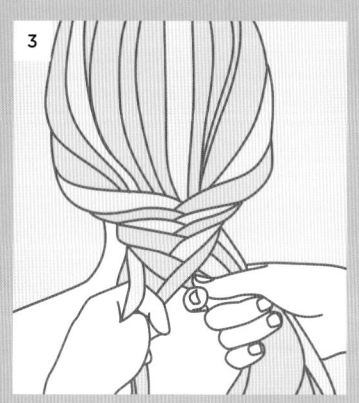

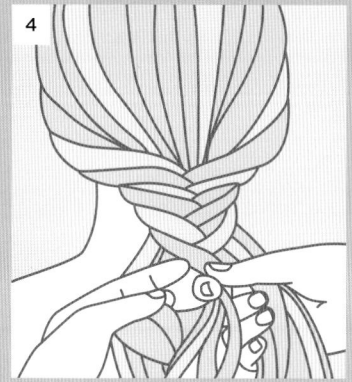

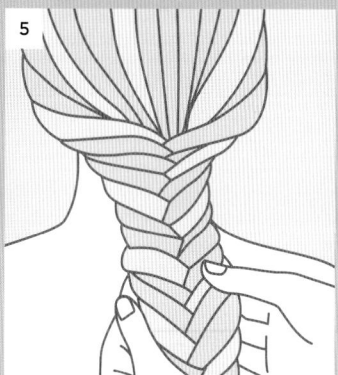

1. Escove o cabelo para desembaraçar os fios. Divida o cabelo em duas partes iguais. Segure cada lado separadamente enquanto faz a trança.
2. Separe uma pequena mecha de cabelo do lado esquerdo do rabo de cavalo esquerdo, cruze-a até alcançar o rabo de cavalo direito e junte.
3. Repita a operação no lado direito. Separe uma pequena mecha de cabeça do lado direito do rabo de cavalo direito e cruze-a até alcançar o rabo de cavalo esquerdo e junte.
4. Repita esse processo ao longo de todo o cabelo. Cruze sempre pequenas mechas de um lado para o outro. À medida que for descendo, as mechas se cruzarão para formar a trança espinha de peixe.
5. Prenda a ponta da trança com um elástico transparente pequeno. Puxe com delicadeza as laterais da trança para esticá-la. Isso fará com que seu cabelo pareça mais volumoso e cheio, e também destacará o desenho da trança.

DICA IMPORTANTE

Quando estiver aprendendo a fazer a trança espinha de peixe, é mais fácil prender antes todo o cabelo num rabo de cavalo. Isso também ajuda a manter a trança no lugar, sobretudo se o seu cabelo for cortado em camadas. Fazer a trança com o cabelo úmido facilita a fixação e permite que você seja mais precisa.

TRANÇA DE QUATRO MECHAS
O LOOK

A trança de quatro mechas é um pouco mais elaborada que a trança básica. Ela exige prática, mas, com os inúmeros elogios que você receberá, vale a pena aprender a técnica. Tanto o cabelo crespo quanto o liso ficam ótimos com essa mecha extra que se parece com a trança básica, mas que tem um intrincado padrão de entrelaçamento.

NÍVEL DE DIFICULDADE
Difícil

COMPRIMENTO IDEAL DO CABELO
Longo

PRECISA DE APLIQUE?
Não

PRECISA DE AJUDA?
Sim, mas com a prática é possível fazer sozinha.

ACESSÓRIOS
Na ponta da trança, vale colocar uma presilha, um elástico ou mesmo um grampo. Mas o penteado não precisa de nenhum acessório extra, pois é a verdadeira estrela desse look.

DICA
Quando estiver trançando o próprio cabelo, é mais fácil manter o padrão de entrelaçamento se a trança for lateral. Assim que estiver à vontade com esse estilo, experimente a trança embutida de quatro mechas (ver páginas 54-55), que leva esse penteado a um novo patamar.

▶ **VEJA TAMBÉM**
Trança lateral (páginas 84-85) e Trança com lenço (páginas 98-99)

Acima: penteado de Christina Butcher, fotografia de Xiaohan Shen, modelo Deauvanné.
Abaixo à esquerda: penteado, fotografia e modelo por Abby Smith/Twist Me Pretty.
Abaixo à direita: penteado, fotografia e modelo por Christina Butcher.

COMO FAZER O PENTEADO

VOCÊ VAI PRECISAR DE:

- Escova
- Elástico de cabelo

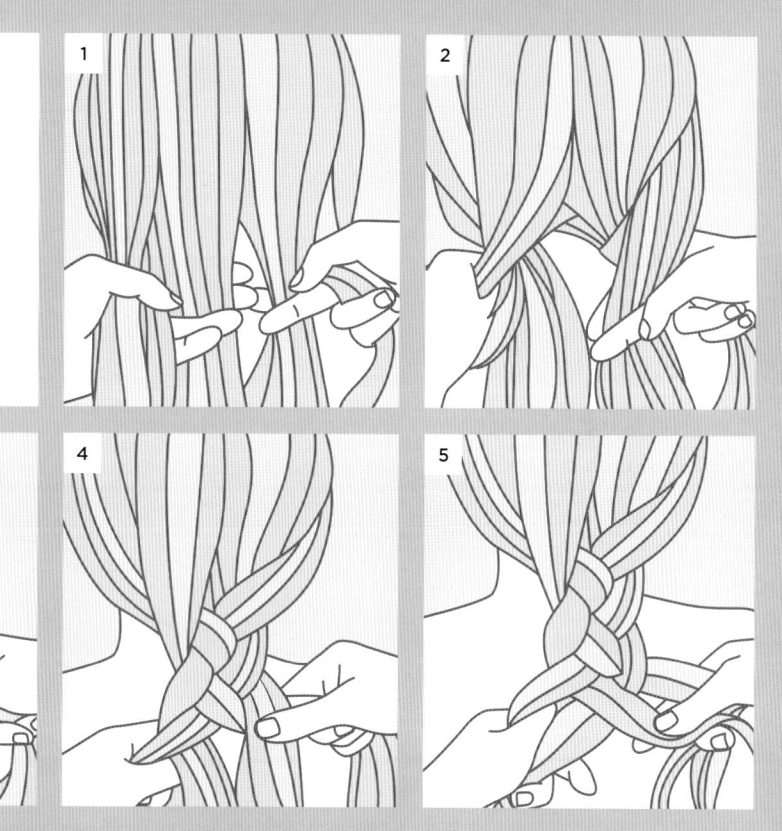

1. Antes de começar, escove o cabelo para desembaraçar os fios. Divida o cabelo em duas partes iguais e depois divida cada uma em mais duas partes menores – agora, você terá quatro partes iguais.
2. Para fazer essa trança, pense em cada parte como uma posição e numere-as de 1 a 4, da esquerda para a direita. Cruze a parte 2 sobre a 1 (portanto, direita sobre a esquerda) e a parte 4 sobre a 3 (mais uma vez direita sobre esquerda).
3. Na sequência, cruze a parte 1 sobre a 4 no centro (isso é, esquerda sobre direita com as duas novas partes centrais).
4. Renumere as partes de 1 a 4 da esquerda para a direita e recomece o processo. Cruze a parte 2 sobre a 1 e a 4 sobre a 3, então, com as duas partes do centro, cruze a parte 1 sobre a 4.
5. Repita esses passos até chegar ao fim do cabelo. Prenda a ponta da trança com um elástico.

DICA IMPORTANTE

O domínio dessa técnica leva algum tempo, mas basta praticar. Lembre-se do padrão de entrelaçamento: direita sobre esquerda e depois esquerda sobre direita. Repetir isso em voz alta enquanto faz a trança ajuda a não errar. Depois de pronta, estique as laterais da trança com cuidado para destacar a trama e as quatro mechas.

TRANÇA EMBUTIDA DE QUATRO MECHAS
O LOOK

Surpreenda com a trança embutida (francesa) de quatro mechas em vez da trama normal com três mechas. A releitura desse estilo clássico combina as características das tranças francesa e holandesa. Um lado se parece com a trança holandesa e o outro, bem lisinho, lembra a trança francesa. Você vai precisar dominar a técnica da trança de quatro mechas (ver páginas 52-53) antes de tentar esta versão. A complexidade dos detalhes dessas duas tranças combinadas provoca um efeito incrível em qualquer tipo de cabelo.

NÍVEL DE DIFICULDADE
Difícil

COMPRIMENTO IDEAL DO CABELO
Longo

PRECISA DE APLIQUE?
Não

PRECISA DE AJUDA?
Sim

ACESSÓRIOS
Para um visual elaborado, prenda uma fita com um elástico transparente pequeno numa das mechas de cabelo e faça a trança com ela. Se quiser um visual mais sofisticado, escolha uma fita da cor de seu cabelo, mas se quiser algo mais casual e alegre, opte por uma fita colorida para dar contraste.

DICA
Faça a trança francesa de quatro mechas na diagonal para criar um movimento interessante, ou torça a ponta da trança para fazer um coque assimétrico.

▶ **VEJA TAMBÉM**
Trança de quatro mechas (páginas 52-53) e Trança embutida lateral (páginas 88-89)

Acima: penteado e fotografia por Christina Butcher, modelo Adeline Er.
Abaixo: penteado de Christina Butcher, fotografia de Xiaohan Shen, modelo Ruri Okubo.

COMO FAZER O PENTEADO

VOCÊ VAI PRECISAR DE:

- Escova
- Elástico de cabelo

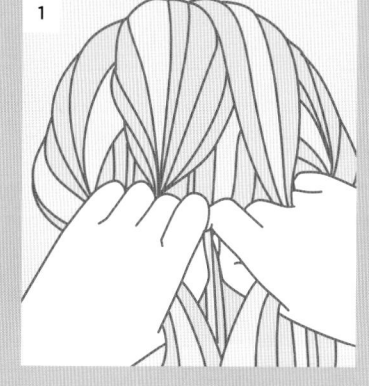

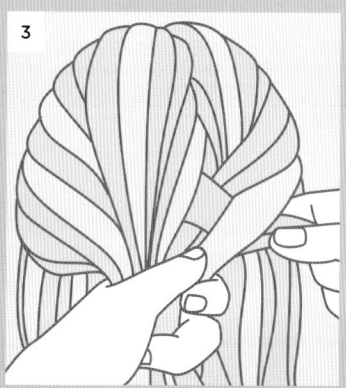

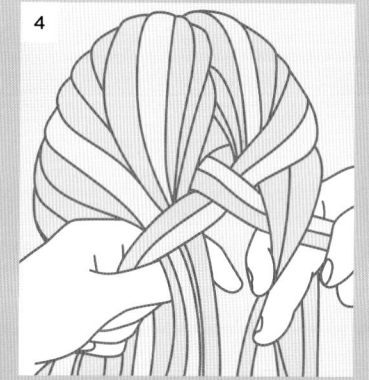

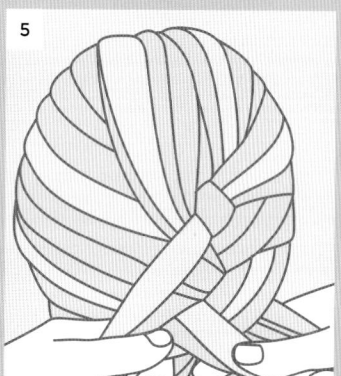

1. Antes de começar, escove o cabelo para desembaraçar os fios. Separe uma mecha no alto da cabeça e divida em duas partes iguais; depois divida novamente em duas partes menores para ficar com quatro partes iguais.
2. Para fazer essa trança, pense em cada parte como uma posição e numere-as de 1 a 4, da esquerda para a direita. Cruze a parte 2 sobre a 1 (portanto, direita sobre a esquerda) e a parte 4 sobre a 3 (mais uma vez direita sobre esquerda), depois cruze a parte 1 sobre a 4 no meio (isso é, esquerda sobre direita com as duas novas partes do meio).
3. A seguir, incorpore pequenas mechas de cabelo às partes maiores, das partes da esquerda e da direita. Renumere as partes de 1 a 4, da esquerda para a direita e recomece o processo. Cruze a parte 2 sobre a 1 e a 4 sobre a 3, então com as duas partes no meio cruze a parte 1 sobre a 4.
4. Continue trançando o cabelo e adicionando pequenas mechas das laterais.
5. Continue fazendo a trança até a parte de trás da cabeça. Quando não tiver mais mechas laterais para acrescentar, finalize numa trança de quatro mechas normal e prenda a ponta com um elástico.

DICA IMPORTANTE

Esta é uma trança complicada e exige prática. Experimente fazer no cabelo de outra pessoa antes de tentar em si mesma. Não coloque muito cabelo nas posições 1 e 4 por vez; uma mecha entre 1,5 cm e 3 cm deve ser o suficiente. Mais do que isso e a trança ficará grande demais e irregular.

TRANÇA COM LAÇOS
O LOOK

Impressione suas amigas com essa incrível trança cheia de laços ao longo do cabelo. Você pode combinar a trança com laços com qualquer outro estilo que use a técnica de trança francesa ou de trança corrente. Essa trança é adequada a todos os comprimentos de cabelo e também para os cortados em camadas, mas funciona melhor no cabelo fio reto. Prepare-se para ser abordada toda hora na rua por pessoas interessadas em saber como fazer uma trança igual à sua.

NÍVEL DE DIFICULDADE
Difícil

COMPRIMENTO IDEAL DO CABELO
Médio a longo

PRECISA DE APLIQUE?
Não

PRECISA DE AJUDA?
Sim

ACESSÓRIOS
Os laços são feitos com seu cabelo, portanto, não é necessário acrescentar nenhum adorno extra.

DICA
Existem muitas maneiras de usar essa técnica em tranças e penteados. Sempre que for possível fazer uma trança embutida, é possível transformá-la numa trança com laços. Basicamente, separe uma mecha estreita ao longo da ponta da trança embutida para formar os laços. Você pode experimentar ainda acrescentar os laços na trança tiara, na diagonal e na maria-chiquinha com trança.

▶ **VEJA TAMBÉM**
Trança pretzel (páginas 112-113) e Coque com laço (páginas 150-151)

Acima e abaixo: penteado, fotografia e modelo por Mindy McKnight.

COMO FAZER O PENTEADO

VOCÊ VAI PRECISAR DE:

- Escova
- Pente fino
- Spray fixador ou pomada
- Grampo aberto
- Elásticos de cabelo

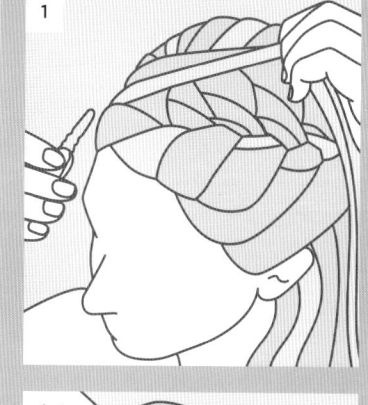

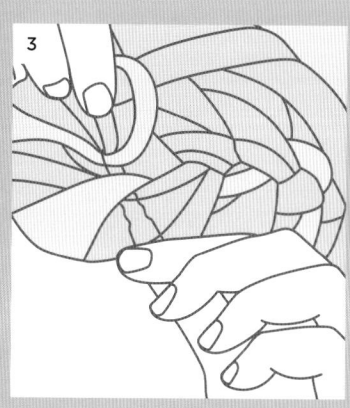

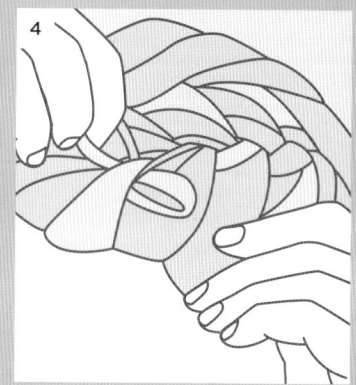

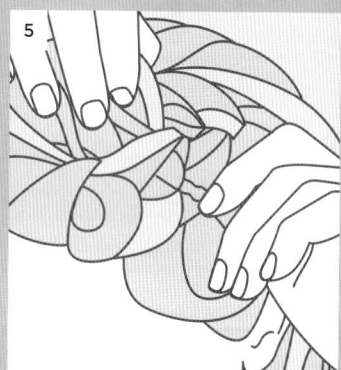

1. Comece trançando uma parte do cabelo. Você pode usar uma trança angelical (ver páginas 48-49) ou uma trança embutida (ver páginas 42-43) como base. Deixe solta uma mecha de 1,5 cm ao lado da trança para fazer os laços.
2. Tire uma pequena mecha de cabelo da mecha de 1,5 cm e enrole-a ao redor do dedo para criar um laço. Coloque o grampo, enfiando primeiro a ponta fechada, numa mecha da trança.
3. Passe o laço feito com a mecha de cabelo na ponta do grampo e segure-o com a mão esquerda enquanto o puxa cuidadosamente de volta pela trança com a mão direita.
4. Conforme você retira o grampo, ele forma a outra metade do laço. Puxe o grampo com cuidado até que esteja satisfeita com o formato do segundo laço e só então tire o grampo. Você tem agora um laço completo ao longo da trança.
5. Repita os passos de 2 a 4 até o final da trança enquanto houver cabelo para fazer os laços.

DICA IMPORTANTE

Dependendo do comprimento do cabelo, pode ser que sobrem algumas mechas de cabelo depois de fazer os laços. A saída é usar essa sobra no laço seguinte ou deixá-la solta ao longo da trança. O laço seguinte cobrirá os fios soltos, de modo que não ficará muito aparente.

TRANÇA TRIPLA
O LOOK

Esta trança fácil parece muito mais complicada do que de fato é. Ela é feita basicamente com três tranças entrelaçadas que formam uma única trança. Como a trama fica bem mais encorpada, o penteado dá um visual poderoso. É possível fazer sozinha a trança tripla, mas facilita muito contar com a ajuda de alguém, principalmente se o seu cabelo for comprido.

NÍVEL DE DIFICULDADE
Fácil

COMPRIMENTO IDEAL DO CABELO
Longo

PRECISA DE APLIQUE?
Não, mas você pode usar um aplique se o seu cabelo for médio.

PRECISA DE AJUDA?
Não

ACESSÓRIOS
Essa trança não precisa de muito enfeite, embora você possa colocar algumas flores para dar um toque romântico.

DICA
Você pode fazer uma trança tripla lateral, ou experimentar o estilo espinha de peixe para criar uma trança tripla linda e elaborada. Uma opção é trançar apenas uma das três mechas, criando com isso um efeito diferente.

VEJA TAMBÉM
Trança corrente (páginas 106-107) e Coque lateral trançado (páginas 158-159)

Acima: penteado e fotografia de Christina Butcher, modelo Michaela Williams.
Abaixo à esquerda: penteado de Christina Butcher, fotografia de Xiaohan Shen, modelo Sophie Phan.
Abaixo à direita: penteado e fotografia de Christina Butcher, modelo Nicole Jeyara.

COMO FAZER O PENTEADO

VOCÊ VAI PRECISAR DE:

- Escova
- 4 Elásticos de cabelo

1. Escove o cabelo para desembaraçar os fios e divida-o em três partes iguais.
2-3. Faça uma trança básica em cada mecha, de modo a ficar com três tranças iguais. Prenda a ponta de cada uma das tranças com um elástico.
4. Faça uma trança com as três tranças, novamente usando a técnica básica.
5. Junte as três pontas e prenda com um elástico. Pronto!

DICA IMPORTANTE

Prenda a ponta das tranças com um elástico transparente pequeno, de modo que ele fique imperceptível. Se preferir você pode retirar os elásticos das pontas das três tranças depois que elas tiverem virado uma única trança.

COQUE DE TRANÇA
O LOOK

Uma variação do clássico coque banana (ver páginas 130-131), essa sequência de mini coques trançados cria um efeito bem bonito. O estilo parece complicado, mas não é assim tão difícil de fazer. O segredo desse curioso penteado, que é feito a partir de quatro rabos de cavalo, um acima do outro na parte de trás da cabeça, com os coques independentes, é trabalhar com mechas pequenas. É essencial dominar a técnica da trança básica (ver páginas 38-39) para criar este visual, que é parecido com os minicoques (ver páginas 166-167). Mais indicado para quem tem cabelo longo ou grosso.

NÍVEL DE DIFICULDADE
Médio

COMPRIMENTO IDEAL DO CABELO
Médio a longo

PRECISA DE APLIQUE?
Não

PRECISA DE AJUDA?
Não

ACESSÓRIOS
O coque trançado já traz detalhes suficientes, portanto, não é preciso acrescentar nenhum enfeite. Se você usa franja ou se o seu cabelo está em camadas, use um grampo tipo clip enfeitado com pedrinhas para prender atrás e tirar os fios do rosto.

DICA
Se o seu cabelo é fino ou curto, experimente fazer minicoques em vez do coque de trança. Sempre prefira o penteado que fique melhor no seu tipo de cabelo.

▶ **VEJA TAMBÉM**
Coque duplo (páginas 140-141) e Minicoques (páginas 166-167)

Acima: penteado e fotografia de Christina Butcher, modelo An Ly.

COMO FAZER O PENTEADO

VOCÊ VAI PRECISAR DE:

- Escova
- Grampos
- 8 elásticos transparentes pequenos (2 para cada coque trançado)

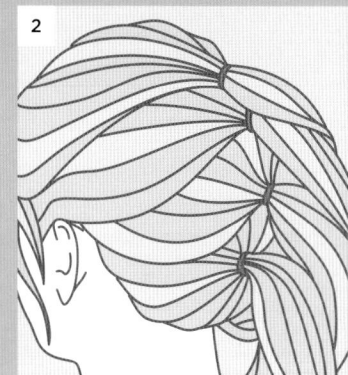

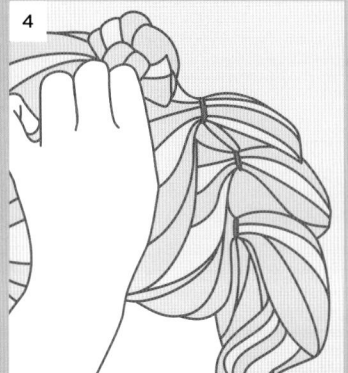

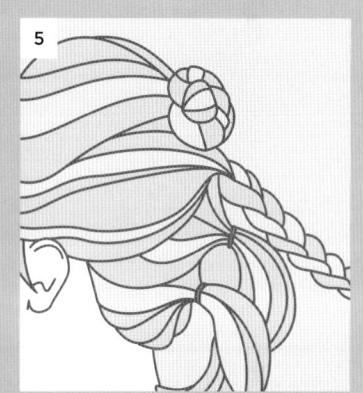

1. Comece penteando todo o cabelo para trás. Deixe a franja solta ou inclua-a no penteado. Separe uma mecha de um lado a outro da cabeça na altura das têmporas e prenda-a com um elástico.

2. Na sequência, separe uma mecha entre a têmpora e a orelha e prenda atrás para fazer outro rabo de cavalo. Prenda com um elástico. Separe uma terceira mecha de cabelo logo acima das orelhas e faça outro rabo de cavalo. Junte o restante do cabelo num quarto rabo de cavalo imediatamente embaixo dos outros três. Estão prontos os quatro rabos de cavalos.

3. Faça uma trança no rabo de cavalo do alto e prenda a ponta com um elástico.

4. Enrole a trança em volta de si mesma e prenda com um grampo para formar um pequeno coque.

5. Repita o mesmo processo com os outros três rabos de cavalo para formar uma sequência vertical de coques trançados.

DICA IMPORTANTE

Usar elásticos transparentes para fazer este penteado é melhor, pois eles não se destacam nos coques e proporcionam um acabamento impecável. Com tantas divisões, as tranças podem ficar desiguais, portanto dê uma esticada em cada uma para que fiquem com o mesmo visual encorpado.

TRANÇA DE SEREIA
O LOOK

A trança de sereia transforma a trança lateral normal em algo surpreendente. Mais adequada para o cabelo comprido, a trança de sereia é um penteado perfeito para o verão, principalmente para um encontro à noite. Essa bela trança dá a ilusão de ter seis mechas, mas não passa do efeito inteligente da colocação dos grampos.

NÍVEL DE DIFICULDADE
Médio

COMPRIMENTO IDEAL DO CABELO
Longo

PRECISA DE APLIQUE?
Não, mas pode ser usado caso seu cabelo seja curto.

PRECISA DE AJUDA?
Não

ACESSÓRIOS
Tirando a variação de trança com lenço, não é necessário incluir mais acessórios. Mantenha o visual despojado e simples para que a trança brilhe sozinha.

DICA
Para variar o visual, inclua um lenço na hora de fazer a trança de sereia. É só colocá-lo ao redor da cabeça e ir trançando juto com as tranças reversas.

▶ **VEJA TAMBÉM**
Trança espinha de peixe (páginas 50-51) e Trança embutida de quatro mechas (páginas 54-55)

Acima: penteado e fotografia de Christina Butcher, modelo Tanu Vasu.

COMO FAZER O PENTEADO

VOCÊ VAI PRECISAR DE:

- Escova
- Grampo tipo clip
- Grampos
- 3 elásticos de cabelo

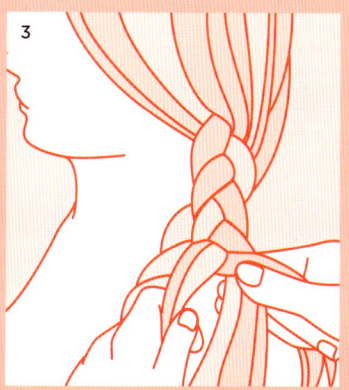

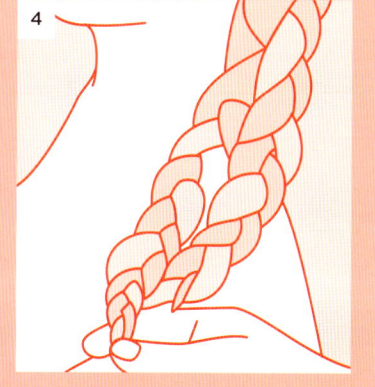

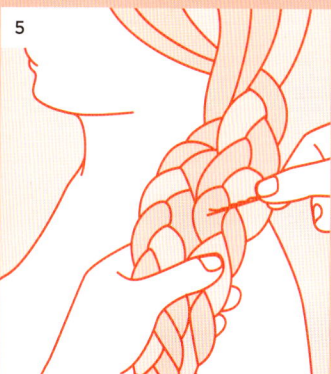

1. Escove o cabelo para desembaraçar. Coloque o cabelo sobre um ombro e divida em duas partes iguais.
2. Prenda com um grampo tipo clip uma parte do cabelo e trance a outra parte com a técnica da trança reversa (ver páginas 40-41), e prenda a ponta com um elástico.
3. Tire o clip da outra parte do cabelo e crie outra trança reversa. Estique as duas tranças puxando as laterais com cuidado.
4. Alinhe as duas tranças para que elas comecem a parecer uma única trança larga. Tente alinhar o centro das tranças e não se preocupe se as pontas ficarem desiguais. É menos importante que as laterais exteriores se alinhem, mas o centro tem que parecer ser uma trança só.
5. Use um grampo para unir o centro das duas tranças, lateral com lateral. Coloque outros grampos para prender as duas tranças e empurre-os verticalmente para fixar bem. Será preciso colocar grampos a cada 3 ou 5 cm. Junte as pontas das duas tranças com um elástico.

DICA IMPORTANTE

É possível tirar o elástico das duas tranças e usar apenas um para uni-las, mas, se os elásticos forem transparentes, isso não é necessário, pois eles são mais discretos. Não se preocupe em fazer as duas tranças reversas muito certinhas - o estilo fica mais interessante com um pouco de despojamento e desalinho.

TRANÇA MARIA-CHIQUINHA
O LOOK

Emoldure seu rosto com essa romântica maria-chiquinha, que começa com uma trança holandesa no alto da cabeça (ver página 44) e na altura da orelha junta com o restante do cabelo para finalizar numa trança básica. Para manter o visual moderno, mantenha as tranças desalinhadas e meio frouxas, com alguns fios soltos na parte da frente.

NÍVEL DE DIFICULDADE
Médio

COMPRIMENTO IDEAL DO CABELO
Médio a longo

PRECISA DE APLIQUE?
Não

PRECISA DE AJUDA?
Não

ACESSÓRIOS
Para manter esse penteado simples e moderno, deixe de lado os laços e as fitas. Menos é mais quando o assunto é maria-chiquinha.

DICA
Se você não gosta de maria-chiquinha, transforme rapidamente esse penteado diurno em um look mais sofisticado prendendo as tranças na base da nunca. Basta dobrar e cruzar as tranças para criar um penteado mais elegante.

▶ **VEJA TAMBÉM**
Maria-chiquinha com lenço (páginas 66-67) e Trança baixa com maria-chiquinha (páginas 68-69)

Acima: penteado, fotografia e modelo por Alison Titus.
Abaixo à esquerda: penteado, fotografia e modelo por Christina Butcher.
Abaixo à direita: penteado e fotografia de Christina Butcher, modelo Adeline Er.

COMO FAZER O PENTEADO

VOCÊ VAI PRECISAR DE:

- Escova
- 2 elásticos de cabelo

1. Reparta o cabelo no meio em duas partes iguais.
2. Separe uma mecha de 3 cm perto do repartido e comece uma trança holandesa (ver páginas 44-45) ao longo da linha do cabelo.
3. Continue descendo a trança até a orelha, acrescentando cabelo de ambos os lados à medida que vai trançando.
4. Assim que passar da orelha, junte o restante do cabelo e continue numa trança básica para finalizar a maria-chiquinha. Use um elástico transparente para prender a ponta da trança.
5. Repita a operação no outro lado. Quando terminar, alongue cada trança para destacar seu formato.

DICA IMPORTANTE

Para criar uma transição sutil entre a trança holandesa e a trança básica na altura da orelha, considere a trança holandesa inteira como uma das partes da trança básica. Divida o resto do cabelo em duas partes para fazer as duas outras tranças. Se você usa franja, pode deixá-la solta ou incorporá-la à trança holandesa.

MARIA-CHIQUINHA COM LENÇO
O LOOK

Neste penteado, o lenço ganha uma importância toda especial. Se colocado como se fosse uma faixa no alto da cabeça, ele é trançado junto com as mechas e assim dá um visual mais encorpado à maria-chiquinha. Como o lenço acrescenta cor ao cabelo, você pode combiná-lo com a roupa que estiver usando. Cabelo liso ou crespo, não importa. Esse penteado é para todas.

NÍVEL DE DIFICULDADE
Médio

COMPRIMENTO IDEAL DO CABELO
Médio a longo

PRECISA DE APLIQUE?
Não

PRECISA DE AJUDA?
Não

ACESSÓRIOS
Um lenço retangular grande é fácil de ser trabalhado nesse penteado, mas se você tem um lenço quadrado, dobre-o na diagonal até que ele se transforme numa faixa de 6 cm de largura. A estampa do lenço vai mudar o look dessa trança, por isso escolha um tom neutro se quiser algo elegante ou cores vibrantes se quiser um visual divertido.

DICA
Não gosta de maria-chiquinha? Ela fica fantástica com as tranças presas acima da base da nuca. Enrole a trança, enfie a ponta embaixo dela mesma e prenda com grampos no lugar. Prenda a segunda trança por cima da outra para um lindo penteado trançado.

▶ **VEJA TAMBÉM**
Trança baixa com maria-chiquinha (páginas 68-69) e Trança com lenço (páginas 98-99)

Acima: penteado de Christina Butcher, fotografia de Xiaohan Shen, modelo Jessica Tran.
Abaixo: penteado, fotografia e modelo por Christina Butcher.

COMO FAZER O PENTEADO

VOCÊ VAI PRECISAR DE:

- Escova
- Lenço
- Elástico de cabelo

1. Escove o cabelo e reparta-o livremente. Coloque o lenço passando pela nuca e traga-o para o alto da cabeça como uma faixa.
2. Torça as pontas do lenço para formar um nó estilo turbante.
3. Coloque as pontas do lenço para baixo nos dois lados, deixando-as do mesmo tamanho de seu cabelo. Prenda um dos lados do cabelo na ponta do lenço com um elástico (isso ajuda a manter a tensão no lenço e impede que o nó se mexa enquanto você faz a trança do outro lado).
4. O lenço vai atuar como uma das três mechas da trança. Divida o restante do cabelo em duas partes e use o acessório como a parte central. Depois, simplesmente entrelace as duas mechas de cabelo com o lenço numa trança básica e prenda a ponta com um elástico transparente.
5. Repita a operação no outro lado.

DICA IMPORTANTE

Se o seu cabelo é muito comprido, você não precisa colocar o lenço em volta da cabeça, como uma faixa; basta usá-la como um arco e juntar as pontas embaixo, nos dois lados, como parte da maria-chiquinha. O importante é que as pontas do lenço tenham o mesmo comprimento do cabelo.

TRANÇA BAIXA COM MARIA-CHIQUINHA
O LOOK

Liberte o espírito hippie que existe em você para essa maria-chiquinha baixa e despojada. Com um estilo casual, ele é perfeito para um descompromissado dia de verão. O repartido no meio irregular e os fios desalinhados e meio armados levam a duas tranças com marias-chiquinhas que criam um visual mais descontraído possível. Esse estilo fica ótimo com cabelo liso ou crespo e deixa você pronta para bater ponto nos festivais de música.

NÍVEL DE DIFICULDADE
Fácil

COMPRIMENTO IDEAL DO CABELO
Médio a longo

PRECISA DE APLIQUE?
Não, mas pode ser usado caso seu cabelo seja curto.

PRECISA DE AJUDA?
Não

ACESSÓRIOS
Embarque num estilo despojado e acrescente uma coroa de flores nessa maria-chiquinha baixa. Entrelace margaridas nas tranças para criar o visual típico dos festivais de verão. Laços vermelhos nas pontas da maria-chiquinha dão um toque bávaro.

DICA
Para um look ainda mais informal, prenda o cabelo em dois rabos de cavalo e reforce o visual mais armado com uma borrifada de spray de sal marinho.

▶ **VEJA TAMBÉM**
Maria-chiquinha com lenço (páginas 66-67) e Coque triplo torcido (páginas 168-169)

Acima: penteado de Cristi Cagle, fotografia de Lou Mora, maquiagem de Jennifer Fiamengo.
Abaixo: penteado de Christina Butcher, fotografia de Xiaohan Shen, modelo Tash Williams.

COMO FAZER O PENTEADO

VOCÊ VAI PRECISAR DE:

- Escova
- Grampo tipo clip
- 2 elásticos de cabelo

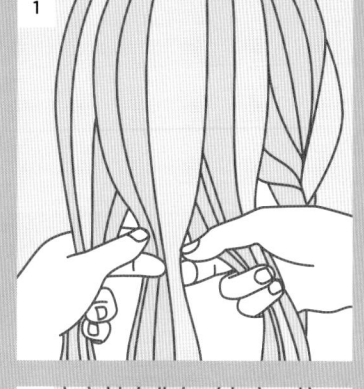

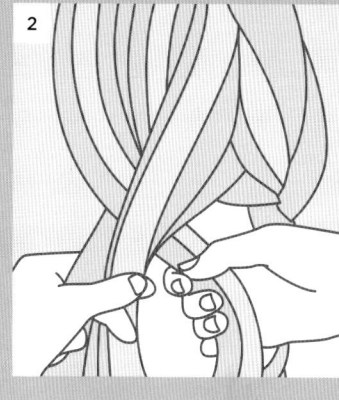

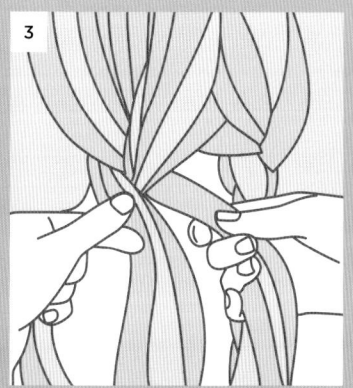

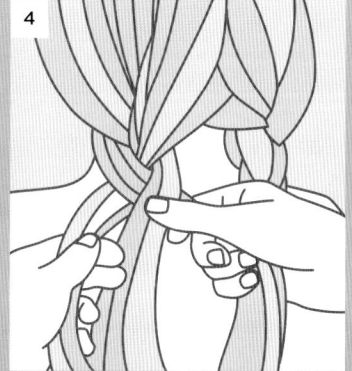

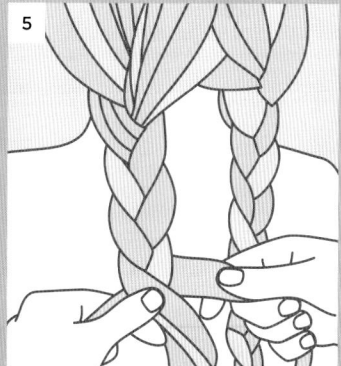

1-4. Escove o cabelo para desembaraçar, mas não escove demais – você não precisa estar com o cabelo impecável para fazer esse penteado. Divida o cabelo todo em duas partes. Prenda um dos lados com um grampo tipo clip. No lado que está solto, separe com os dedos uma mecha central. Desfie o cabelo com os dedos e forme uma trança básica baixa. Prenda a ponta da trança com um elástico.

5. Repita a operação no outro lado.

DICA IMPORTANTE

Para garantir um ar mais moderno, não deixe o cabelo impecável demais. Reparta com os dedos e bagunce os fios levemente ou desfie com os dedos antes de começar a trançar, de modo a deixar um visual mais contemporâneo e casual.

TRANÇA ANGELICAL EM FORMATO DE CORAÇÃO
O LOOK

O amor está no cabelo! Você pode realmente colocar seu coração no cabelo com esse penteado de inspiração romântica. Para conseguir fazer a trança em formato de coração é preciso usar uma técnica parecida com a da trança angelical. Ao contrário do que parece, não é um penteado difícil de aprender.

NÍVEL DE DIFICULDADE
Médio

COMPRIMENTO IDEAL DO CABELO
Médio a longo

PRECISA DE APLIQUE?
Não

PRECISA DE AJUDA?
Sim, mas com a prática é possível fazer sozinha.

ACESSÓRIOS
Coloque uma fita vermelha ou rosa na ponta do coração para dar um acabamento ainda mais romântico.

DICA
O coração se destaca mais no cabelo liso, mas você pode cachear as pontas para reforçar o estilo romântico desse penteado. Em vez de finalizar num penteado meio preso, é possível incorporar a trança angelical em formato de coração num rabo de cavalo baixo.

▶ **VEJA TAMBÉM**
Trança meio presa em formato de coração (páginas 96-97) e Coque com laço (páginas 150-151)

Acima: penteado, fotografia e modelo por Jemma Grace.
Abaixo: penteado e fotografia de Christina Butcher, modelo Riko Ishihata.

COMO FAZER O PENTEADO

VOCÊ VAI PRECISAR DE:

- Escova
- Pente com cabo
- Grampo com clip
- Elástico de cabelo

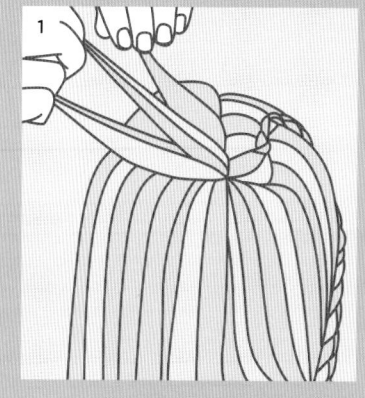

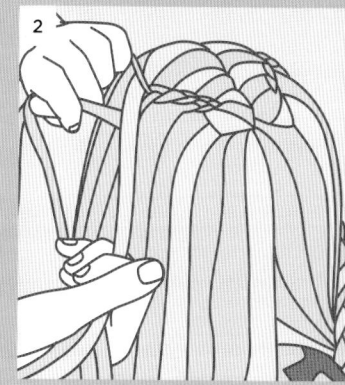

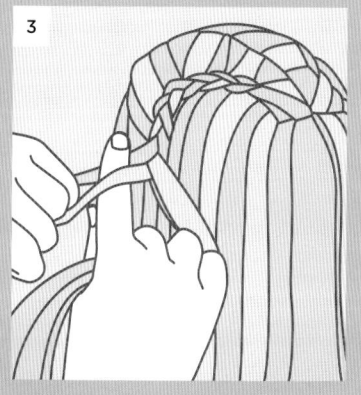

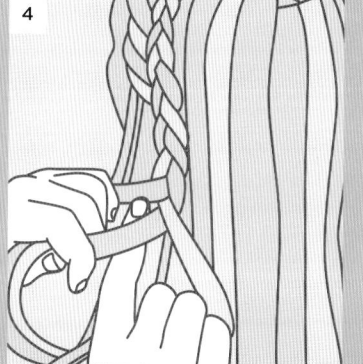

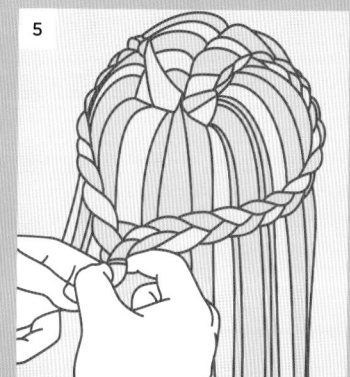

1. Penteie o cabelo e reparta ao meio com o cabo do pente. Use o grampo com clip para prender a outra metade do cabelo enquanto você faz a primeira trança.
2. Divida o cabelo numa mecha horizontal no topo da cabeça. Separe uma mecha de cabelo no alto da cabeça e divida-a em três partes.
3. Comece a fazer a trança angelical (ver páginas 48-49), direcionando-a para o seu rosto, só acrescentando cabelo na parte externa da trança. Depois de ter acrescentado cerca de três mechas à trança, vire-a na direção da orelha para criar o arredondado na parte de cima do coração.
4. Continue fazendo a trança no formato de coração, acrescentando cabelo apenas da parte da frente até alcançar a orelha. Nesse ponto, pare de colocar mais cabelo e continue a fazer a trança básica até alcançar o meio da cabeça na linha da nuca. Prenda com um elástico. Solte o cabelo preso com o grampo do outro lado e repita a trança angelical para combinar com a primeira.
5. Conecte as duas tranças na parte de trás da cabeça com um elástico transparente para formar a ponta do coração.

DICA IMPORTANTE

Para manter o formato de coração o mais uniforme possível, acrescente apenas mechas pequenas à trança. Mantenha as tranças bem firmes para que possa ver para onde ela está indo e fazer os ajustes necessários.

TRANÇA EM CABELO CURTO
O LOOK

Não é preciso ter cabelo comprido para usar trança. A trança corrente (ver páginas 106-107) também funciona no cabelo curto, mas esta trança estilo holandês é simplesmente perfeita para esse tipo de cabelo. A trança acompanha a linha do cabelo e termina atrás da orelha, e o restante do cabelo pode ser torcido num nó baixo ou ficar solto. É possível fazer essa trança desde que seu cabelo tenha fios com pelo menos 9 cm de comprimento. Fios crespos ficam ótimos nesse penteado.

NÍVEL DE DIFICULDADE
Médio

COMPRIMENTO IDEAL DO CABELO
Curto

PRECISA DE APLIQUE?
Não

PRECISA DE AJUDA?
Não

ACESSÓRIOS
Você pode usar uma presilha floral ou um grampo com pedrinhas para enfeitar esse penteado, mas isso é uma decisão pessoal. A trança por si só já é um detalhe especial no cabelo curto, então acessórios extras não são realmente necessários.

DICA
Dependendo do comprimento e da textura do fio do cabelo, você pode fazer duas tranças holandesas perto uma da outra para criar um visual mais elaborado.

▶ **VEJA TAMBÉM**
Trança reversa (páginas 40-41) e Trança holandesa (páginas 44-45)

Acima: penteado, fotografia e modelo por Suzy Wimbourne Photography.
Abaixo: penteado e fotografia de Christina Butcher, modelo Barbra Rainbird.

COMO FAZER O PENTEADO

VOCÊ VAI PRECISAR DE:

- Escova
- Pente com cabo
- Grampos
- Elásticos de cabelo
- Spray fixador

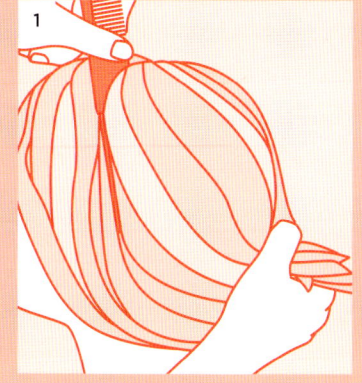

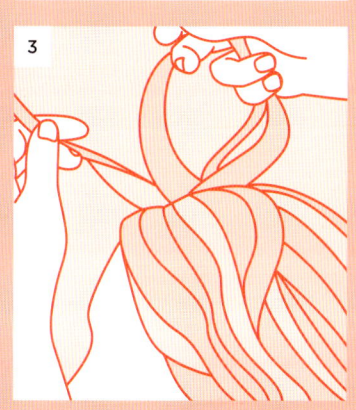

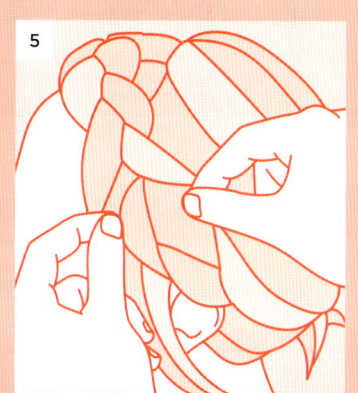

1. Escove o cabelo para desembaraçar os fios. Use um pente com cabo para repartir o cabelo no alto da cabeça, de orelha a orelha. Penteie a mecha frontal para a frente.
2. Junte o restante do cabelo atrás da cabeça e prenda num elástico pequeno. Dependendo do comprimento do cabelo, torça e prenda a mecha de trás num coque com a ajuda de grampos.
3. Na sequência, separe uma mecha de cabelo da frente e a divida em três. Faça uma trança holandesa (ver páginas 44-45) acompanhando a linha do cabelo e ao redor do coque na parte de trás da cabeça.
4. Prenda a ponta da trança num coque com a ajuda de grampos.
5. Puxe as laterais da trança para destacar sua forma. Prenda qualquer mecha solta, mas deixe alguns fios emoldurando o rosto. Use spray fixador para finalizar o penteado e deixá-lo bem firme.

DICA IMPORTANTE

Para aumentar a textura, o volume e a altura do cabelo, reforce o cacheado antes de usar o aparelho para modelar cachos com diâmetro de 3 cm. Uma mousse ou pomada para dar volume também ajudar a deixar os fios com mais textura.

TRANÇA HEIDI
O LOOK

O charme juvenil e romântico dessa trança é facilmente atualizado para um visual moderno e prático. Mais adequada para cabelo comprido, a trança Heidi é feita a partir de marias-chiquinhas baixas presas ao redor da cabeça de modo a formar uma coroa. "Abrir" as laterais das tranças reforça a textura natural do cabelo e dá um ar mais contemporâneo ao visual.

NÍVEL DE DIFICULDADE
Médio

COMPRIMENTO IDEAL DO CABELO
Longo

PRECISA DE APLIQUE?
Não

PRECISA DE AJUDA?
Não

ACESSÓRIOS
A trança Heidi fica linda enfeitada com um lenço ou com uma fita. Para fazer isso, incorpore o lenço de sua escolha como uma das mechas da trança e faça a ligação com a outra trança por trás da cabeça. Outra opção é entrelaçar uma fita colorida na finalização do penteado para dar um toque descontraído.

DICA
O cabelo dividido ao meio é o look clássico dessa trança, mas vale a pena experimentar reparti-lo de lado ou criar zigue-zagues. Em vez de uma trança básica, faça uma trança espinha de peixe para dar um ar mais elaborado e moderno.

▶ **VEJA TAMBÉM**
Faixa trançada (páginas 46-47) e Trança com lenço (páginas 98-99)

Acima: penteado, fotografia e modelo por Emily M. Meyers/The Freckled Fox.

COMO FAZER O PENTEADO

VOCÊ VAI PRECISAR DE:

- Escova
- Grampo
- 2 elásticos de cabelo

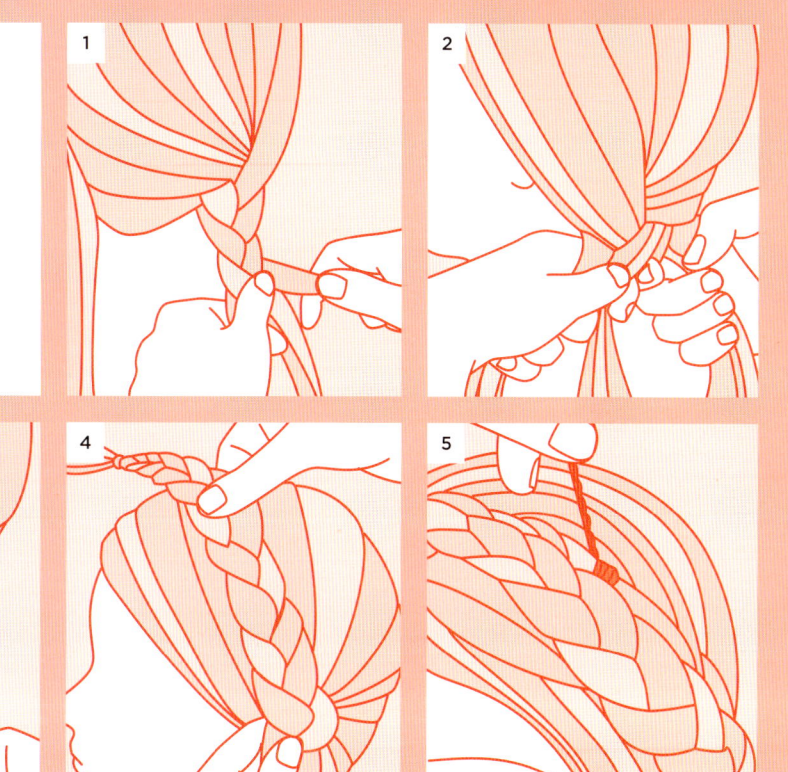

1. Reparta o cabelo ao meio com o pente, desde a testa até a base da nuca para criar duas partes iguais.
2. Pegue a primeira parte, divida em três partes iguais e faça uma trança básica, começando bem atrás da orelha. Prenda a ponta da trança com um elástico transparente.
3. Repita a operação, trançando a outra metade.
4. Segurando a base da trança com a mão, puxe a ponta e passe por cima da cabeça, prendendo-a com grampos.
5. Faça o mesmo com a segunda trança. Esconda as pontas das tranças embaixo uma da outra. Coloque alguns grampos ao longo das duas tranças para que elas fiquem unidas, e não se esqueça de prendê-las ao cabelo, para que o penteado não desmanche.

DICA IMPORTANTE

Enquanto estiver trançando, puxe o cabelo para baixo e um pouco para a frente a fim de manter a tensão. Dessa forma, quando passar a trança por cima da cabeça não terá muitos fios soltos atrás. Não se esqueça de que a trança será transformada numa faixa, por isso não deve ser trançada para ficar pendurada, como é comum.

TRANÇA EM FORMA DE 8
O LOOK

Essa trança elaborada também é conhecida como trança infinito por causa do formato de número 8, que remete ao símbolo do infinito. Para fazer esse penteado você precisará "embrulhar" horizontalmente uma pequena mecha de cabelo por dentro e em volta de duas mechas de cabelo, de modo a formar o desenho do "8" infinito. Assim como o seu formato, as situações e os locais onde essa trança diferente e elegante pode ser usada são infinitos!

NÍVEL DE DIFICULDADE
Médio

COMPRIMENTO IDEAL DO CABELO
Longo

PRECISA DE APLIQUE?
Não

PRECISA DE AJUDA?
Sim

ACESSÓRIOS
Para acrescentar um pouco de cor, experimente colocar uma fita em volta de uma das partes e entrelace junte com a trança. Uma simples presilha ou grampo com clip na ponta da trança também dão um toque especial.

DICA
Essa trança singular pode ser usada com o cabelo meio preso ou na lateral, e também pode ser incorporada ao cabelo sempre que você fizer a trança espinha de peixe. Ela também cria uma textura linda quando transformada num coque torcido.

▸ **VEJA TAMBÉM**
Trança espinha de peixe (páginas 50-51) e Trança tiara espinha de peixe (páginas 86-87)

Acima: penteado de Christina Butcher, fotografia de Xiaohan Shen, modelo Monica Bowerman.
Abaixo: penteado de Christina Butcher, fotografia de Xiaohan Shen, modelo Dorothy Jean Joly.

COMO FAZER O PENTEADO

VOCÊ VAI PRECISAR DE:

- Escova ou pente
- Elástico de cabelo

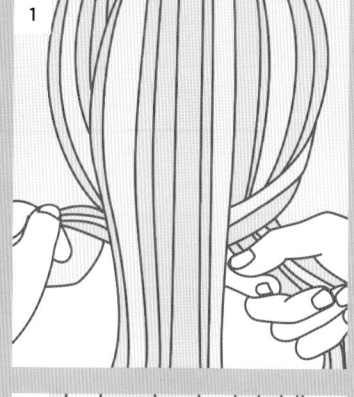

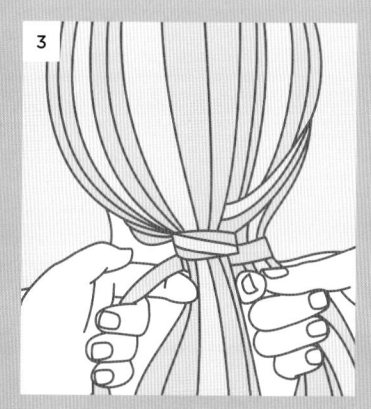

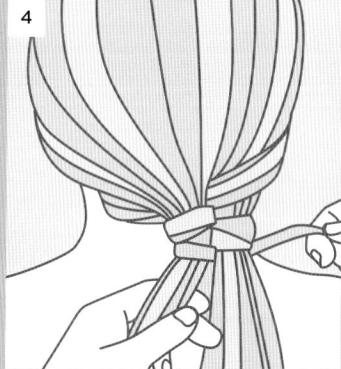

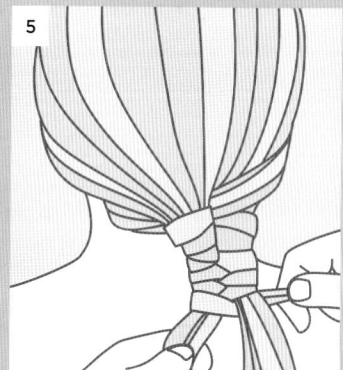

1. Escove o cabelo para desembaraçar os fios. Divida o cabelo em duas partes iguais. Separe uma pequena mecha de fora da parte da direita e passe-a sobre a mesma e por baixo da parte da esquerda.
2. Na sequência, passe a mecha de cabelo sobre a parte da esquerda e por baixo da parte da direita.
3. Mantenha o padrão em forma de 8, enrolando a mecha de cabelo em volta das duas partes.
4. Quando o cabelo começar a escassear, pegue outra pequena mecha da lateral e continue fazendo o desenho em forma de 8.
5. Continue até o fim do cabelo e prenda a ponta com um elástico.

DICA IMPORTANTE

É importante manter o formato de 8 enquanto está fazendo a trança. Mantenha a tensão na mecha que está sendo trançada - isso vai fazer com que o formato da trança fique consistente.

TRANÇA GREGA
O LOOK

Inspirada nos clássicos das telas de cinema, essa linda trança é uma homenagem à elegância e simplicidade da Grécia antiga. Ela usa elementos da trança embutida, só que é feita ao longo de toda a linha do cabelo, começando na orelha direita, passando pela testa e seguindo até o fim do cabelo. Ideal para ser usada durante o dia – em piqueniques, na praia, em parques de diversões e em festas temáticas.

NÍVEL DE DIFICULDADE
Difícil

COMPRIMENTO IDEAL DO CABELO
Médio a longo

PRECISA DE APLIQUE?
Não

PRECISA DE AJUDA?
Sim, mas com a prática é possível fazer sozinha.

ACESSÓRIOS
Essa trança não precisa de nenhum enfeite adicional. Foque em outros itens, como brincos ou colar, para complementar o visual.

DICA
Se o seu cabelo é muito comprido, você pode finalizar o penteado fazendo um coque com o pedaço da trança que sobrar depois de dar a volta pela cabeça. Se o seu cabelo está mais curto, mantenha a trança mais próxima do topo da cabeça, para conseguir completar o círculo com o cabelo disponível. Isso também deve ajudar a manter a trança firme.

▶ **VEJA TAMBÉM**
Trança embutida (páginas 42-43) e Trança tiara (páginas 80-81)

Acima: penteado e fotografia de Christina Butcher, modelo Elly Hanson.
Abaixo à esquerda: penteado de Christina Butcher, fotografia de Xiaohan Shen, modelo Teru Morihira.
Abaixo à direita: penteado, fotografia e modelo por Christina Butcher.

COMO FAZER O PENTEADO

VOCÊ VAI PRECISAR DE:

- Escova ou pente
- Grampos
- Elástico de cabelo

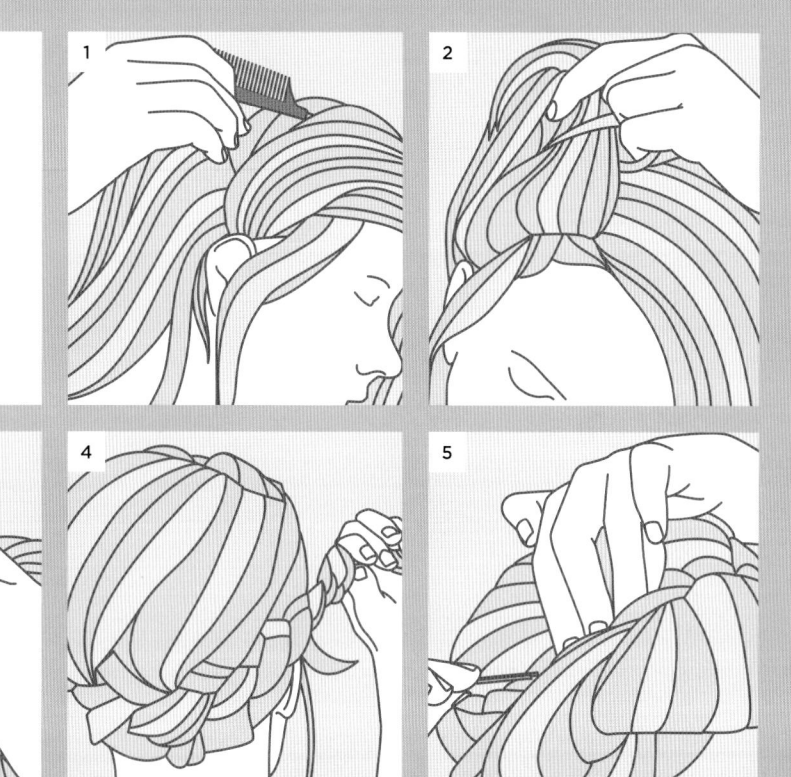

1. Separe uma mecha de cabelo acima da orelha direita e divida em três partes iguais.
2. Comece a fazer uma trança embutida (ver páginas 42-43), acrescentando mechas tanto de sua linha de cabelo quanto do alto da cabeça. Usar a mão dominante ajuda a fazer uma trança mais bonita.
3. Trance acompanhando a linha da testa e atrás da orelha esquerda. Quando chegar atrás da orelha esquerda, mantenha a pegada para manter a tensão da trança e siga trançando ao longo de toda a parte de trás da cabeça. Quando chegar ao lado direito do pescoço, provavelmente terá incorporado a trança toda ao cabelo.
4. Finalize com uma trança básica e prenda com um elástico transparente pequeno.
5. "Abra" a trança e esconda a ponta embaixo de onde ela inicia, atrás da orelha direita, e prenda com grampos.

DICA IMPORTANTE

Se você quiser deixar o cabelo um pouco mais armado, desloque a trança alguns centímetros atrás da linha do cabelo. Depois de fazer isso, "abra-a" com cuidado para ajustar a parte da frente do cabelo. Se o seu cabelo é grosso ou comprido, use grampos abertos para prender a trança no lugar.

TRANÇA TIARA
O LOOK

Um lindo penteado meio preso, a trança tiara é feita com o entrelaçamento de duas tranças laterais na parte de trás da cabeça. É um penteado excelente para casamentos, seja você a noiva, a madrinha ou até mesmo uma convidada. Como todos os detalhes ficam na parte de trás, fica bonito usar um véu ou meio-véu preso na trança. O cabelo meio preso funciona muito bem mesmo para quem usa franja desfiada e tem um corte em camadas na frente.

NÍVEL DE DIFICULDADE
Médio

COMPRIMENTO IDEAL DO CABELO
Médio a longo

PRECISA DE APLIQUE?
Não

PRECISA DE AJUDA?
Não

ACESSÓRIOS
Para dar um toque de cor, entrelace uma fita fina nas tranças de modo que ela apareça no meio da trama. Você também pode colocar uma faixa ou uma presilha com pedrinhas para prender a franja.

DICA
Diferentes técnicas podem dar um visual muito mais elaborado a esse penteado simples. Experimente outros tipos de trança, tais como a trança espinha de peixe (ver páginas 50-51), a trança desigual (ver páginas 90-91) ou a trança deslizante (ver páginas 100-101).

▶ **VEJA TAMBÉM**
Trança tiara espinha de peixe (páginas 86-87) e Trança meio presa em formato de coração (páginas 96-97).

Acima: penteado, fotografia e modelo por Abby Smith/Twist Me Pretty.

COMO FAZER O PENTEADO

VOCÊ VAI PRECISAR DE:

- Escova ou pente
- Grampos
- 2 elásticos de cabelo

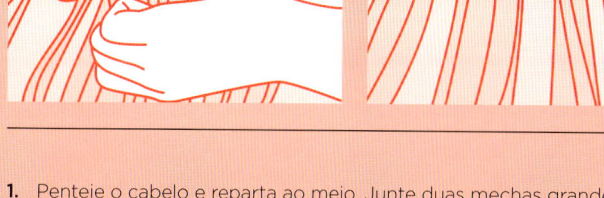

1. Penteie o cabelo e reparta ao meio. Junte duas mechas grandes de cada lado acima das orelhas e divida cada uma em três partes iguais.
2. Comece a trançar. Não aperte no alto da cabeça e direcione a trança para a parte de trás da cabeça. Dessa forma, ela ficará na direção que você definir. Prenda a ponta da trança com um elástico.
3. Repita a operação no outro lado, fazendo uma trança acima da orelha.
4. Cruze a primeira trança por trás como uma tiara e prenda com grampos, sem se esquecer de esconder a ponta.
5. Cruze a segunda trança e prenda-a na primeira, escondendo a ponta embaixo.

DICA IMPORTANTE

Se as tranças ficarem compridas, você pode dobrá-las no meio e esconder as pontas por trás delas. Para manter um visual elegante e a trama bem fechada, coloque um grampo entre as duas tranças de modo que elas fiquem unidas e presas com mais segurança. "Abra" as laterais das tranças para criar volume e destacar sua trama.

TRANÇA AFRO
O LOOK

Penteado tradicional africano com uma técnica de entrelaçamento bem específica, a trança afro é demorada de fazer, mas é bem mais impactante do que as outras. Se você está com tempo, invista em trançar a cabeça inteira. Outra opção é integrar a trança afro a outros penteados como se ela fosse um destaque. Dependendo de como for usada, esse tipo de trança fica ótimo para usar à noite ou mesmo para passear de dia com os amigos, além de ser especialmente prática para ir à praia.

NÍVEL DE DIFICULDADE
Médio a difícil

COMPRIMENTO IDEAL DO CABELO
Qualquer um

PRECISA DE APLIQUE?
Não

PRECISA DE AJUDA?
Sim

ACESSÓRIOS
A trança afro em geral é enfeitada com contas e miçangas.

DICA
Há muitas maneiras de incorporar a trança afro ao seu penteado favorito. Experimente usá-las na lateral para criar assimetrias e partes desiguais. Dependendo de sua habilidade e nível de paciência, é possível criar desenhos na hora de trançar, criando zigue-zagues e desvios com as mechas trançadas.

▶ **VEJA TAMBÉM**
Trança holandesa (páginas 44-45) e Trança desigual (páginas 90-91)

Acima: penteado e fotografia de Christina Butcher, modelo Elly Hanson.
Abaixo: penteado, fotografia e modelo por Breanna Rutter/How to Black Hair L.L.C.

COMO FAZER O PENTEADO

VOCÊ VAI PRECISAR DE:

- Pente com cabo
- Grampos
- Elásticos pequenos
- Borrifador com água (opcional)

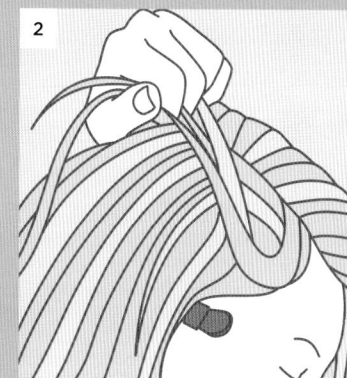

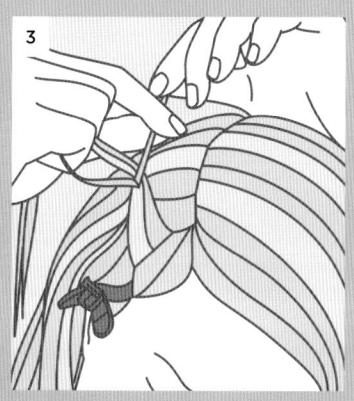

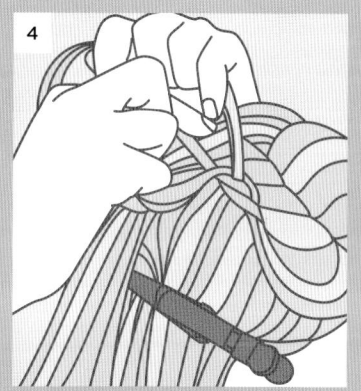

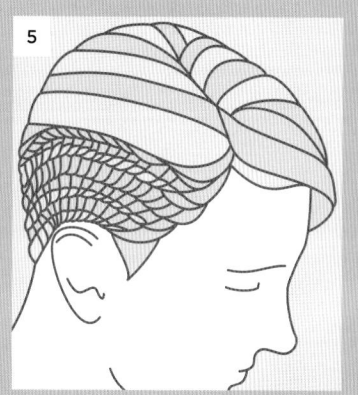

1. Use o cabo do pente para separar bem a mecha para fazer a trança afro. Prenda o restante do cabelo para não atrapalhar enquanto você trança.
2. Divida a mecha inicial em três e comece fazendo uma trança holandesa (ver páginas 44-45).
3. Acrescente pequenas mechas à medida que vai trançando, sempre pegando os fios de baixo.
4. Quando não tiver mais cabelo para incluir, finalize com uma trança normal e prenda a ponta com um elástico pequeno.
5. Repita o processo em toda a cabeça, com o cuidado de separar mechas iguais para que as tranças fiquem do mesmo tamanho.

DICA IMPORTANTE

Leva tempo para fazer essas tranças corretamente. Se começar fazendo com trança larga e continuar praticando, você vai acabar dominando a técnica. Separar bem as mechas e prender com grampos tipo clip o restante do cabelo ajuda muito durante o processo. Use um borrifador com água para umedecer o cabelo enquanto faz o trançado.

TRANÇA LATERAL
O LOOK

Para um visual casual, porém elegante, experimente fazer uma trança lateral. O efeito despojado desse estilo funciona muito bem para se divertir à noite com os amigos, mas também pode ser usado em um evento formal ou mesmo para o ambiente de trabalho. Como as tranças laterais são muito versáteis e simples de fazer, é um estilo essencial para o seu repertório de penteados.

NÍVEL DE DIFICULDADE
Fácil

COMPRIMENTO IDEAL DO CABELO
Longo

PRECISA DE APLIQUE?
Não

PRECISA DE AJUDA?
Não

ACESSÓRIOS
Este penteado fica melhor sem nada, portanto, aposte num acessório (brinco ou colar) que combine com a trança comprida. Se quiser acrescentar algum enfeite, entrelace algumas flores na trança ou finalize com um laço simples.

DICA
As tranças estilo espinha de peixe, ou sereia, também ficariam ótimas nessa trança comprida de estilo relax – sem contar o ar de ousadia boêmia.

▶ **VEJA TAMBÉM**
Trança básica (páginas 38-39) e Trança de sereia (páginas 62-63)

Acima: penteado e modelo por Lesley Lotha/Lazymanxcat, fotografia de Urvashi Das.
Abaixo à esquerda: penteado, fotografia e modelo por Abby Smith/Twist Me Pretty.
Abaixo à direita: penteado e fotografia de Marie-Pierre Sander.

TRANÇAS

COMO FAZER O PENTEADO

VOCÊ VAI PRECISAR DE:

- Escova
- Elástico de cabelo

1. Penteie o cabelo para desembaraçar os fios antes de começar.
2. Escolha um lado para repartir o cabelo e prenda a maior parte do outro lado, sobre o ombro.
3. Divida a parte maior em três outras partes iguais e faça uma trança básica, cruzando a mecha da direita obre a do meio e a mecha da esquerda sobre a da direita.
4. Continue trançando todo o cabelo sobre o ombro e prenda a ponta com um elástico.
5. "Abra" as laterais da trança para que ela pareça mais cheia e também para que fique mais assentada sobre o ombro.

DICA IMPORTANTE

```
Mantenha o penteado
desalinhado para um
visual casual. Comece a
trança mais embaixo,
longe da raiz, e deixe
que algumas mechas mais
curtas escapem da trama
logo no início da trança.
"Abra" as laterais da
trança para que os fios
fiquem mais cheios e com
um ar despojado.
```

TRANÇA TIARA ESPINHA DE PEIXE
O LOOK

A linda meia-tiara de tranças é feita a partir da junção de duas tranças espinha de peixe, que vai da têmpora até a parte de trás da cabeça. Essa meia-tiara trançada pode ser usada no dia a dia e também numa cerimônia de casamento na praia, por exemplo, mas, acima de tudo, ela funciona muito bem quando se deseja manter o cabelo longe dos olhos no estilo meio solto. Indicada para cabelo liso ou crespo.

NÍVEL DE DIFICULDADE
Médio

COMPRIMENTO IDEAL DO CABELO
Médio a longo

PRECISA DE APLIQUE?
Não

PRECISA DE AJUDA?
Sim

ACESSÓRIOS
Entrelace flores ao longo da trança para criar uma tiara floral ou enfeite a parte de trás da trança com um laço para dar um acabamento bonito.

DICA
Se você ainda não domina a técnica da trança espinha de peixe, pode fazer a trança básica para obter um efeito parecido com o estilo meia-tiara.

▶ **VEJA TAMBÉM**
Meio rabo de cavalo (páginas 20-21) e Coque espinha de peixe (páginas 160-161)

Acima: penteado, fotografia e modelo por Christina Butcher.
Abaixo: penteado e fotografia de Christina Butcher, modelo Carolyn Mach.

COMO FAZER O PENTEADO

VOCÊ VAI PRECISAR DE:

- Escova
- Grampo
- Elástico de cabelo (opcional)

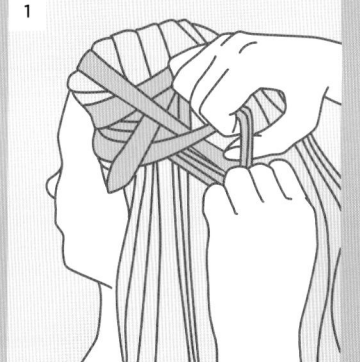

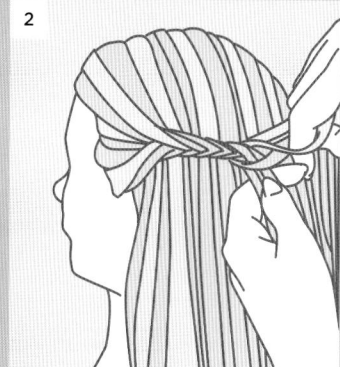

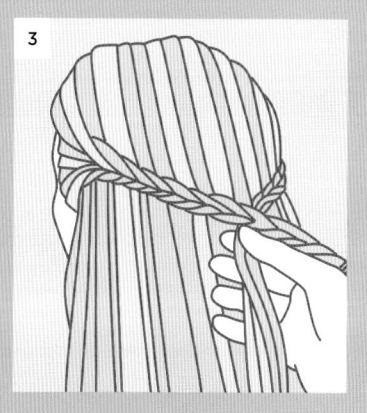

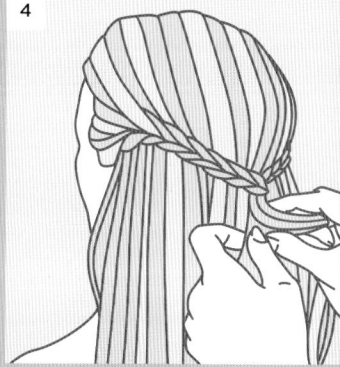

1. Comece separando uma mecha de 3 a 6 cm perto da têmpora.
2. Divida essa mecha em duas e comece a fazer uma trança espinha de peixe (ver páginas 50-51). Mantendo uma metade em cada mão, cruze uma pequena mecha de cabelo sobre a outra. Continue a entrelaçar para formar o efeito espinha de peixe. Quando atingir a metade da cabeça, coloque um grampo em meio à espinha de peixe e prenda o cabelo por baixo.
3. Faça uma trança espinha de peixe no outro lado.
4. Para unir as tranças, torça a ponta da trança da direita sobre e por trás da trança da esquerda. Esconda as pontas do cabelo por baixo e prenda com grampos no lugar. Arrume o cabelo ao redor da tiara para disfarçar as pontas das tranças.

DICA IMPORTANTE

Se o seu cabelo é fino ou muito grosso e você tem dificuldade de prender as tranças, pode usar um elástico transparente. Puxe uma pequena mecha para esconder o elástico, depois coloque as pontas das tranças por baixo do restante de cabelo para dar um toque final.

TRANÇA EMBUTIDA LATERAL
O LOOK

Essa versão da trança embutida logo se tornará sua favorita, pois a combinação de estilos – casual e chique – a torna perfeita para todas as situações. Trançada diagonalmente na cabeça, a trança embutida lateral vai da têmpora até a base da nuca, no lado oposto. Há também a opção de finalizá-la num coque ou num rabo de cavalo lateral, além da possibilidade de personalizá-la de acordo com o comprimento e grossura do cabelo.

NÍVEL DE DIFICULDADE
Médio

COMPRIMENTO IDEAL DO CABELO
Médio a longo

PRECISA DE APLIQUE?
Não

PRECISA DE AJUDA?
Sim, mas com a prática é possível fazer sozinha.

ACESSÓRIOS
Você pode finalizar a trança com um laço ou com clips com pedrinhas.

DICA
É possível variar os tipos de trançado, entre eles a elaborada trança embutida ou a trança espinha de peixe embutida. Personalize a ponta da trança para que ela combine com seu cabelo – se ele for muito comprido e não der para enrolar e esconder embaixo da trança, faça um coque ou rabo de cavalo lateral.

▶ **VEJA TAMBÉM**
Trança espinha de peixe embutida (páginas 92-93) e Coque cascata (páginas 146-147)

Acima: penteado, fotografia e modelo por Christina Butcher.
Abaixo: penteado de Christina Butcher, fotografia de Xiaohan Shen, modelo Tash Williams.

COMO FAZER O PENTEADO

VOCÊ VAI PRECISAR DE:

- Chapinha
- Escova
- Grampos
- Elástico de cabelo

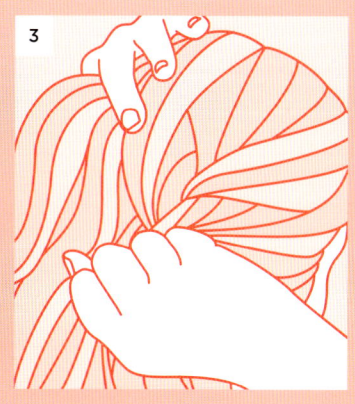

1. Como esse penteado fica melhor no cabelo liso, comece alisando o cabelo com a prancha. Penteie todo o cabelo para trás e faça um repartido na lateral direita. Se você for canhota, reparta do lado esquerdo e faça uma trança na diagonal, até o lado direito do pescoço.
2. Separe uma mecha de cabelo do lado direito e divida em três partes iguais. Comece a fazer uma trança embutida (ver páginas 42-43) na diagonal em direção ao lado esquerdo, acrescentando mechas bem grandes de cabelo conforme foi trançando.
3. Continue trançando na diagonal até atingir o lado esquerdo da cabeça e não ter mais cabelo para incluir.
4. Finalize com uma trança básica e prenda a ponta com um elástico.
5. Enrole a ponta da trança e prenda com um grampo embaixo da orelha.

DICA IMPORTANTE

Esse estilo funciona bem com cabelo crespo, mas o acabamento fica mais elegante no cabelo liso. Mantenhas as mechas da trança sem frizz, mas não deixe a trama muito apertada. Esse penteado fica melhor com a trança um pouco frouxa.

TRANÇA DESIGUAL
O LOOK

Esse truque simples de entrelaçamento transforma o que é basicamente uma trança normal num penteado completamente diferente. A trança desigual usa a mesma técnica da trança básica, mas em vez de entrelaçar três mechas iguais, uma das mechas é bem mais fina que as outras – um detalhe inesperado que dá um toque especial ao penteado.

NÍVEL DE DIFICULDADE
Fácil

COMPRIMENTO IDEAL DO CABELO
Médio a longo

PRECISA DE APLIQUE?
Não

PRECISA DE AJUDA?
Não

ACESSÓRIOS
Como o resultado final dessa trança é bem interessante, não há necessidade de enfeites extras, mas sempre é possível finalizar com uma presilha floral.

DICA
Você pode usar a técnica da trança desigual para substituir a trança básica em qualquer penteado. Ela dá um toque especial à trança baixa com maria-chiquinha (ver páginas 68-69) e à trança meio presa em formato de coração (ver páginas 96-97), podendo inclusive criar um coque torcido. Outra ideia é fazer uma trança desigual e usá-la como parte de uma trança básica.

▸ **VEJA TAMBÉM**
Trança de quatro mechas (páginas 52-53) e Trança tiara (páginas 80-81)

Acima: penteado de Christina Butcher, fotografia de Xiaohan Shen, modelo Sophia Phan.
Abaixo: penteado de Christina Butcher, fotografia de Xiaohan Shen, modelo Jessica Tran.

TRANÇAS

COMO FAZER O PENTEADO

VOCÊ VAI PRECISAR DE:

- Escova
- Elástico de cabelo

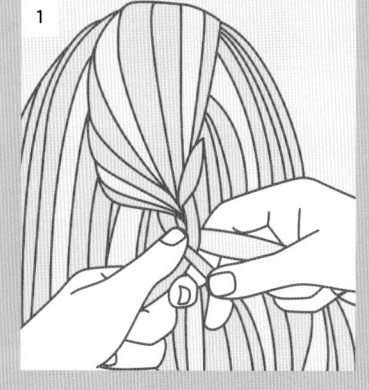

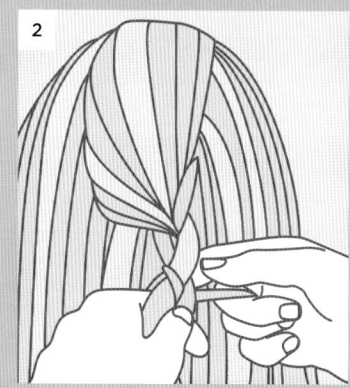

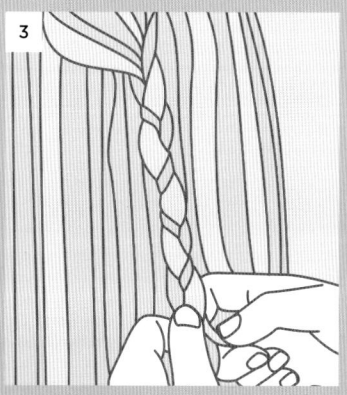

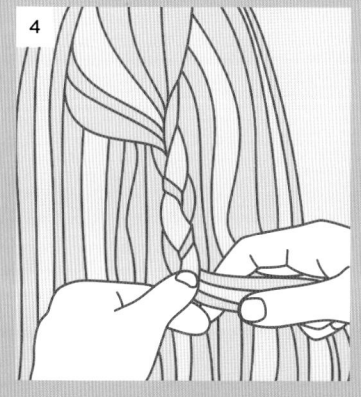

1. Escove o cabelo para desembaraçar os fios e escolha uma mecha de cabelo para ser trabalhada.
2. Divida a mecha de cabelo em três partes: separe uma mecha bem pequena e divida o restante em duas partes iguais.
3. Faça uma trança básica, cruzando a mecha da direita sobre a mecha do meio, e a esquerda sobre a direita (agora no meio).
4. Continue trançando e prenda a ponta com um elástico.

DICA IMPORTANTE

Ao "abrir" as duas mechas maiores você destaca mais o formato desigual da trança, o que pode deixar a impressão de que ela está deformada, mas isso tem a ver com a singularidade da trama, portanto, não se preocupe. Como esse penteado procura passar a sensação de despojamento, o ideal é não apertar muito. Quanto mais desalinhado, melhor!

TRANÇA ESPINHA DE PEIXE EMBUTIDA
O LOOK

Essa trança atrai os olhares de todos. Ao combinar as técnicas da trança embutida e da trança espinha de peixe, você cria uma trança zigue-zague. Assim que aprender a fazer a espinha de peixe normal, vai ficar fácil acrescentar o dinâmico desenho zigue-zague ao penteado. Mais apropriada para o cabelo comprido, de fio reto e sem camadas, essa trança diferente pode ser usada solta ou enrolada num maravilhoso coque.

NÍVEL DE DIFICULDADE
Difícil

COMPRIMENTO IDEAL DO CABELO
Longo

PRECISA DE APLIQUE?
Não

PRECISA DE AJUDA?
Sim

ACESSÓRIOS
Com tantos detalhes lindos, esse penteado não precisa de acessórios, mas você pode usar com uma faixa para acrescentar um efeito especial à parte da frente.

DICA
Ao trançar seu cabelo na diagonal, você cria um uma linda trança espinha de peixe embutida. Enrole-a trança para fazer um coque.

▶ **VEJA TAMBÉM**
Trança espinha de peixe (páginas 50-51) e Coque espinha de peixe (páginas 160-161)

Acima: penteado de Christina Butcher, fotografia de Xiaohan Shen, modelo Deauvanné.
Abaixo à esquerda: penteado e maquiagem de Erin Skipley, fotografia de Jasmine Star, Amber Anderson.
Abaixo à direita: penteado e fotografia de Christina Butcher, modelo Carolyn Mach.

COMO FAZER O PENTEADO

VOCÊ VAI PRECISAR DE:

- Escova
- Elástico de cabelo

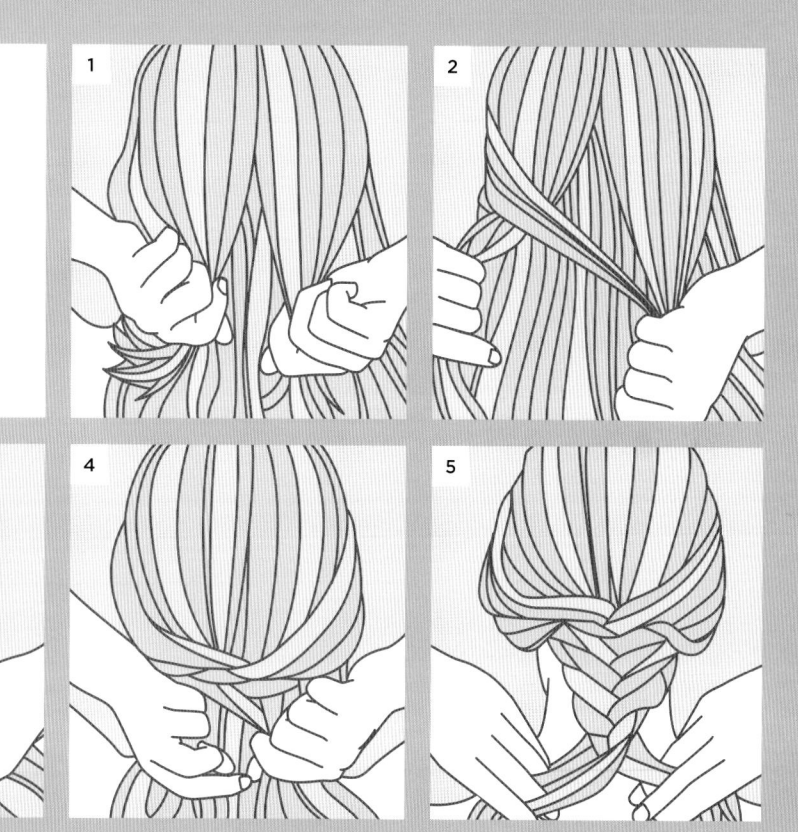

1. Escove o cabelo para desembaraçar os fios. Separe uma mecha na parte de trás da cabeça e divida em duas partes iguais.
2. Segure uma mecha em cada mão, use o dedo indicador para adicionar uma mecha do lado esquerdo da cabeça e cruzá-la para juntar com a mecha do lado direito.
3. Repita a operação no lado direito, pegando uma mecha do lado direito e juntando-a com a mecha do lado esquerdo.
4. Continue adicionando mechas e cruzando-as para o lado oposto até não ter mais cabelo para juntar à trança.
5. Finalize com uma trança espinha de peixe normal e prenda a ponta com um elástico.

DICA IMPORTANTE

Esse estilo fica melhor no cabelo longo e reto, sem camadas. Tente manter as mechas finas para poder destacar o formato zigue-zague. Você pode ainda "abrir" as laterais da trança para aumentar o volume.

TRANÇA CORDA
O LOOK

Esse penteado é sem dúvida surpreendente. A trança corda é um clássico que pode ser usada sozinha ou como recurso para acrescentar volume a coques e *chignons*. Trata-se de uma trança simples de duas mechas que dá a impressão de ser um penteado bem mais complicado do que realmente é.

NÍVEL DE DIFICULDADE
Médio

COMPRIMENTO IDEAL DO CABELO
Longo

PRECISA DE APLIQUE?
Não, mas você pode usar um aplique de rabo de cavalo se o seu cabelo for curto.

PRECISA DE AJUDA?
Não

ACESSÓRIOS
Incorpore uma fita ou lenço no cabelo torcido para dar um colorido. Para isso, basta amarrar em volta do rabo de cavalo e espiralar a fita ou o lenço por dentro da trança corda.

DICA
Combine a trança corda com um rabo de cavalo lateral para criar uma bonita variação, ou transforme sua trança corda num nó bem alto ou num coque baixo.

▶ **VEJA TAMBÉM**
Coque espiralado (páginas 148-149) e Coque corda (páginas 164-165)

Acima: penteado de Christina Butcher, fotografia de Xiaohan Shen, modelo Monica Boerman.
Abaixo: penteado de Christina Butcher, fotografia de Xiaohan Shen, modelo Deauvanné.

COMO FAZER O PENTEADO

VOCÊ VAI PRECISAR DE:

- Escova
- Elástico de cabelo

1. Escove o cabelo para desembaraçar os fios e divida em duas partes iguais.
2. Espirale cada parte para a direita.
3. Cruze a mecha da direita sobre a mecha esquerda para começar a fazer a trança corda.
4. Continue espiralando as mechas para a direita e dobrando para a esquerda.
5. Prenda a ponta da trança com um elástico.

DICA IMPORTANTE

Continue espiralando as mechas para a direita de modo que elas mantenham o formato enquanto você faz a corda. Se a trança ficar achatada é porque a espiral foi feita na direção errada. Para dar mais volume, "abra" as laterais da trança com os dedos.

TRANÇA MEIO PRESA EM FORMATO DE CORAÇÃO
O LOOK

Coloque o coração na cabeça com essa romântica trança, um dos penteados favoritos para comemorações especiais, como aniversário de casamento ou Dia dos Namorados. Tranças com formatos divertidos dão uma nova dimensão a penteados comuns. Quando aprender a fazer essa trança, por que não tenta soltar a imaginação e criar o seu próprio penteado?

NÍVEL DE DIFICULDADE
Médio

COMPRIMENTO IDEAL DO CABELO
Médio a longo

PRECISA DE APLIQUE?
Não

PRECISA DE AJUDA?
Sim, mas com prática é possível fazer sozinha.

ACESSÓRIOS
O formato do cabelo é o foco nesse penteado, portanto não é necessário nenhum outro enfeite.

DICA
Você pode criar uma trança em formato de coração sempre que puder fazer duas tranças nas laterais da cabeça. Esse penteado também fica ótimo quando você trança dois corações próximos.

▶ **VEJA TAMBÉM**
Trança angelical em formato de coração (páginas 70-71) e Trança tiara espinha de peixe (páginas 86-87)

Acima: penteado, fotografia e modelo por Mindy McKnight.
Abaixo: penteado, fotografia e modelo por Christina Butcher.

COMO FAZER O PENTEADO

VOCÊ VAI PRECISAR DE:

- Escova
- Grampo
- Elásticos transparentes pequenos

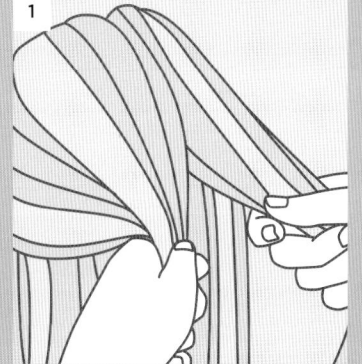

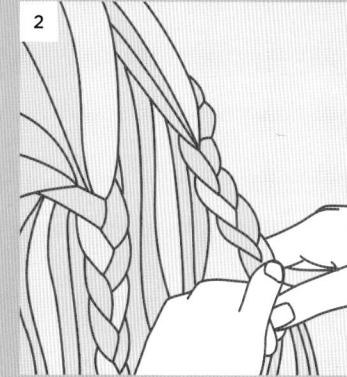

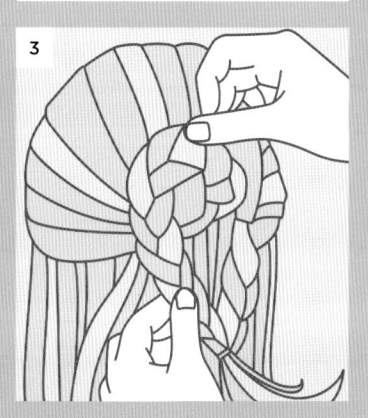

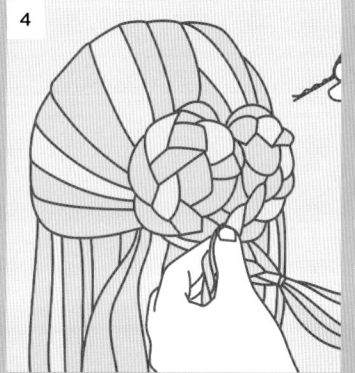

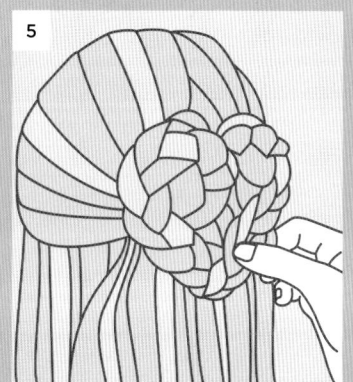

1. Escove o cabelo e separe uma mecha no alto da cabeça para um penteado meio preso. Divida a mecha em duas partes iguais.
2. Trance cada parte usando a técnica básica e prenda as pontas com elásticos transparentes pequenos.
3. Modele a trança esquerda no formato da parte de cima do coração. Prenda-a no lugar com grampos.
4. Repita a operação com a trança direita, enrolando-a em volta da parte de cima do coração. Use alguns grampos para fixar a trança na cabeça.
5. Você pode finalizar com um rabo de cavalo. Basta retirar os elásticos das pontas de cada trança e prendê-las com um único elástico, ou dobrar as pontas das tranças para formar a ponta do coração. Esconda qualquer mecha solta e prenda no lugar com a ajuda de um grampo.

DICA IMPORTANTE

Use elásticos transparentes, pois eles ficam menos destacados nesse tipo de trança. Se o seu cabelo for muito comprido, as tranças podem ser dobradas ao meio antes de formar o desenho de coração.

TRANÇA COM LENÇO
O LOOK

A trança com lenço é uma maneira simples de dar um colorido ao penteado e ao mesmo tempo dar a impressão de que seu cabelo é mais volumoso do que ele realmente é. Esse estilo despojado e chique típico de um dia de verão proporciona outro jeito de usar seu lenço favorito, além de ser uma ótima opção para programas despojados como um jantar ao ar livre ou um passeio de barco.

NÍVEL DE DIFICULDADE
Fácil

COMPRIMENTO IDEAL DO CABELO
Longo

PRECISA DE APLIQUE?
Não, mas você pode usar um aplique de rabo de cavalo se o seu cabelo for curto.

PRECISA DE AJUDA?
Não

ACESSÓRIOS
Você pode usar qualquer lenço para dar um toque de cor e estilo à sua trança básica, mas os lenços de seda pura são melhores. Se puder, escolha um com o tamanho aproximado de seu cabelo.

DICA
Se você tem um lenço mais comprido, amarre-o em volta da cabeça antes de incorporá-lo à trança. Você pode ainda colocar o lenço em qualquer trança para aumentar o volume. Experimente com o coque trançado, com a trança tiara e com a trança Heidi.

▶ **VEJA TAMBÉM**
Rabo de cavalo com as pontas dobradas (páginas 22-23) e Maria-chiquinha com lenço (páginas 66-67)

Acima: penteado, fotografia e modelo por Christina Butcher.
Abaixo: penteado, fotografia e modelo por Bailey Tan.

TRANÇAS

COMO FAZER O PENTEADO

VOCÊ VAI PRECISAR DE:

- Escova
- Lenço
- 2 elásticos de cabelo

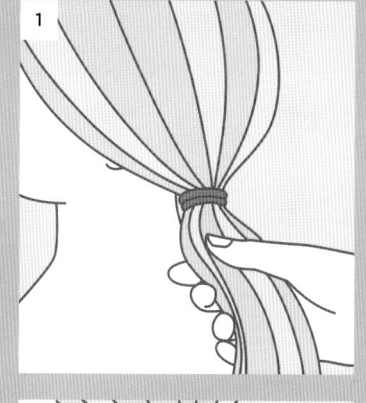

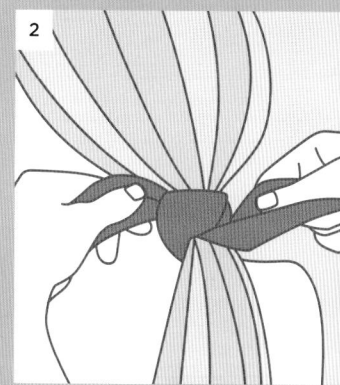

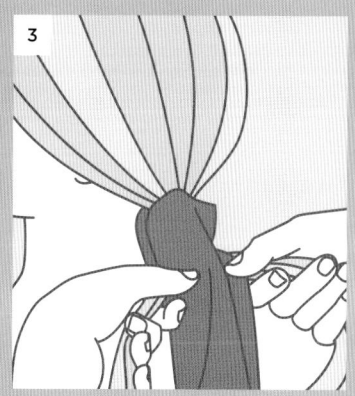

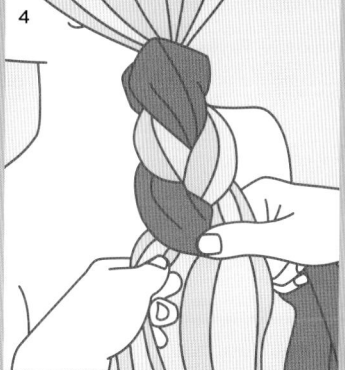

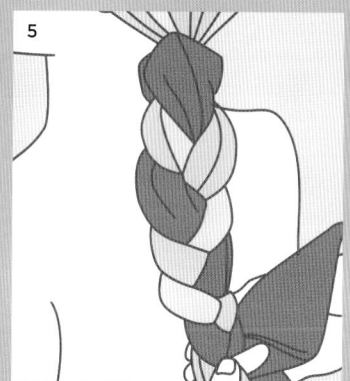

1. Escove o cabelo e faça um rabo de cavalo.
2. Prenda o lenço ao redor da base do rabo de cavalo.
3. Divida o rabo de cavalo em duas partes iguais e transforme o lenço na terceira parte de sua trança.
4. Cruze a mecha esquerda sobre a do meio, e a da direita sobre a da esquerda (agora no meio) e continue trançando até o fim.
5. Prenda a ponta do cabelo (e do lenço) com um elástico.

DICA IMPORTANTE

Se o lenço for quadrado, dobre-o ao meio para formar um triângulo e depois continue dobrando até virar uma faixa. Prenda na base do rabo de cavalo com a ponta por baixo de modo que não fique aparente. Transforme o lenço na mecha do meio da trança. Se o lenço for muito longo, você pode finalizar fazendo um laço na ponta da trança.

TRANÇA DESLIZANTE
O LOOK

Esse penteado parece complicado, mas quem consegue fazer uma trança básica não terá problemas para aprender a trança deslizante. Para fazê-la, basta segurar uma das mechas da trança e deslizar as duas outras. Também conhecida como trança cobra por causa do efeito serpenteante sobre o cabelo, esse visual elaborado é perfeito para qualquer ocasião, formal ou informal, no trabalho ou no lazer.

NÍVEL DE DIFICULDADE
Fácil

COMPRIMENTO IDEAL DO CABELO
Médio a longo

PRECISA DE APLIQUE?
Não

PRECISA DE AJUDA?
Não

ACESSÓRIOS
Coloque seus grampos ou presilhas favoritos para um acabamento bonito.

DICA
Use a técnica "deslizante" em qualquer penteado no qual você possa fazer uma trança básica, tais como a trança tiara (ver páginas 80-81) ou a trança lateral (ver páginas 84-85).

▶ **VEJA TAMBÉM**
Trança com laços (páginas 56-57) e Trança desigual (páginas 90-91).

Acima: penteado de Christina Butcher, fotografia de Xiaohan Shen, modelo Ashleigh Forster.
Abaixo: penteado de Christina Butcher, fotografia de Xiaohan Shen, modelo Dorothy Jean Joly.

COMO FAZER O PENTEADO

VOCÊ VAI PRECISAR DE:

- Escova
- Elástico de cabelo

1. Penteie o cabelo e separe uma mecha para a trança.
2. Divida essa mecha em três partes iguais e faça uma trança básica ao longo de toda sua extensão.
3. Pegue a ponta da trança (não importa qual) e segure com a mão enquanto desliza as outras duas mechas com a outra mão.
4. A trança vai encolher e se dobrar inicialmente, mas se você puxar cada mecha ao longo da linha central ela vai esticar.
5. Ajuste a trança em toda sua extensão para que fique assentada e prenda a ponta com um elástico transparente.

DICA IMPORTANTE

Não tenha medo de deslizar a trança para cima, pois sempre é possível voltar atrás e fazer um ajuste no espaçamento. Não aperte muito a trama, isso dificulta sua movimentação.

TRANÇA CASCATA
O LOOK

Esse estilo usa a técnica francesa de trançar, com uma diferença: em vez de juntar uma nova mecha na parte de baixo, você permite que ela passe através da trama, criando um efeito de cascata. A trança cascata pode ser feita em cabelos de quaisquer comprimentos, desde a altura do queixo até a cintura. Ela é perfeita para passar o dia na praia, em festas informais, além de ser uma ótima opção para uma noiva estilo boho. É preciso um pouco de prática, mas a trança cascata fica fantástica quando feita corretamente.

NÍVEL DE DIFICULDADE
Difícil

COMPRIMENTO IDEAL DO CABELO
Qualquer um

PRECISA DE APLIQUE?
Não

PRECISA DE AJUDA?
Sim, mas com a prática é possível fazer sozinha.

ACESSÓRIOS
A beleza dessa trança está nas elegantes mechas decrescentes, portanto, enfeites extras não são necessários. Para um toque romântico, finalize com uma fita simples ou entrelace uma fileira de margaridas na própria cascata.

DICA
Você pode começar da esquerda para a direita, dependendo do lado que prefere repartir o cabelo. Essa trança pode se transformar no coque cascata ou ser duplicada para fazer a trança cascata dupla.

▶ **VEJA TAMBÉM**
Trança angelical (páginas 48-49) e Coque cascata (páginas 146-147)

Acima: penteado, fotografia e modelo por Mindy McKnight.
Abaixo: penteado, fotografia e modelo por Christina Butcher.

TRANÇAS

COMO FAZER O PENTEADO

VOCÊ VAI PRECISAR DE:

- Escova
- Elástico de cabelo

1. Escove todo o cabelo para trás. Se você usa franja, pode deixá-la solta. Depois, separe uma mecha de 3 a 6 cm do lado esquerdo da cabeça e divida em três partes iguais.
2. Comece a trançar cruzando a mecha 1 sobre a mecha 2 e depois a mecha 3 sobre a 1. Acrescente cabelo do topo da cabeça à mecha 2 e depois cruze-a sobre a mecha 3.
3. A seguir, em vez de cruzar a mecha 1 sobre a 2, pegue uma nova mecha bem atrás dela e cruze essa nova mecha sobre a mecha 2 e continue trançando.
4. Acrescente apenas mechas do alto da cabeça, e deixe de fora a mecha de baixo conforme vai trançando, sempre pegando uma nova mecha na parte de trás.
5. Quando atingir o lado direito, pare de acrescentar novas mechas, finalize a trança cascata e a prenda com um elástico (ver a DICA IMPORTANTE).

DICA IMPORTANTE

Há duas maneiras de finalizar a trança cascata: com uma trança básica ou com um rabo de cavalo frouxo. Coloque o braço direito sobre a cabeça para começar e toda vez que separar uma mecha de cabelo do topo da cabeça, junte-a à trança, deixe que fique solta e a substitua por uma nova mecha.

TRANÇA CASCATA DUPLA
O LOOK

Esse penteado cria uma cascata dupla de tranças ao incorporar duplamente as mechas "soltas" da trança. Esse efeito é possível com duas tranças separadas, uma sobre a outra, ou com uma trança simples que volta e continua embaixo da primeira trança de um jeito bem moderno. Por causa de sua complexidade e nível de detalhamento, esse penteado é ideal para um evento especial como um casamento, ou um aniversário importante – em outras palavras, um momento em que você será muito fotografada.

NÍVEL DE DIFICULDADE
Difícil

COMPRIMENTO IDEAL DO CABELO
Médio a longo

PRECISA DE APLIQUE?
Não

PRECISA DE AJUDA?
Sim, mas com a prática é possível fazer sozinha.

ACESSÓRIOS
Essa trança elegante não precisa de enfeites extras, mas você pode finalizá-la com tranças simples e pequenos laços na ponta de cada uma.

DICA
Você pode fazer esse penteado com duas tranças separadas, uma sobre a outra, ou fazendo com que uma única trança vá e volte, incorporando as mechas soltas na trança abaixo. Em vez de deixar solta a parte de cima do cabelo sobre a segunda trança, misture-a com uma trança holandesa para fazer um falso coque.

▶ **VEJA TAMBÉM**
Trança de sereia (páginas 62-63) e Trança cascata torcida (páginas 110-111)

Acima: penteado, fotografia e modelo por Abby Smith/Twist Me Pretty.
Abaixo à esquerda: penteado e fotografia de Erica Gray Beauty Company, modelo Joana Wilkinson.
Abaixo à direita: penteado e fotografia de Christina Butcher, modelo Sophia Phan.

COMO FAZER O PENTEADO

VOCÊ VAI PRECISAR DE:

- Escova
- 2 elásticos transparentes

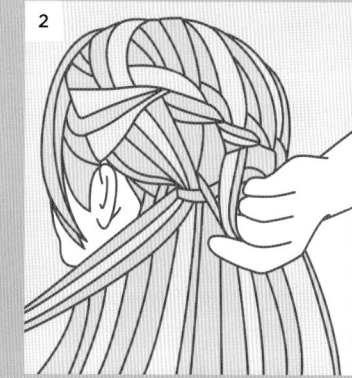

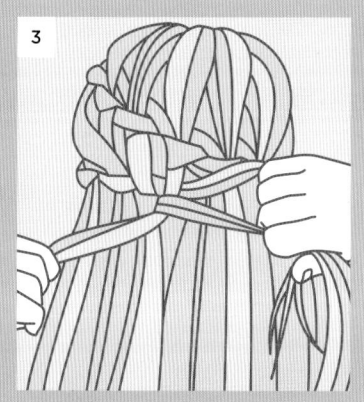

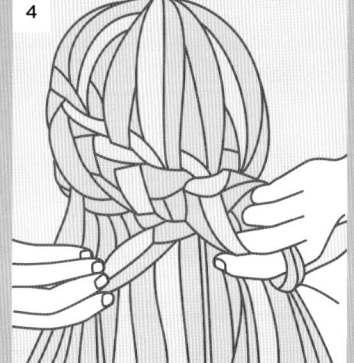

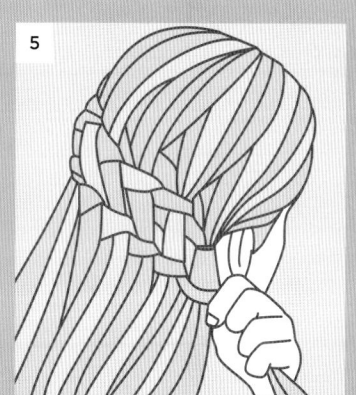

1. Escove o cabelo e faça uma trança cascata cruzando a parte de trás da cabeça (ver páginas 102-103). Use um elástico transparente para prender as pontas da trança e deixe o restante num rabo de cavalo frouxo.
2. Comece a segunda cascata a 3 ou 6 cm abaixo do início da primeira trança. Separe uma mecha de 3 a 6 cm de cabelo e divida em três partes iguais.
3. Trance tudo junto, cruzando a mecha 1 sobre a 2, depois a mecha 3 sobre a 1. Acrescente a primeira mecha em cascata da primeira cascata na mecha 2 e cruze-a sobre a mecha 3.
4. Em vez de usar a mecha 1 para cruzar sobre a mecha 2, deixe-a de fora e escolha uma nova mecha de cabelo por trás dela. Cruze essa nova mecha sobre a mecha 2 e continue trançando. Na sequência, acrescente as mechas soltas da parte de cima da trança cascata, deixando solta a parte de baixo e separando uma nova mecha por trás da anterior.
5. Quando você atingir o lado direito, pare de acrescentar cabelo e prenda as duas tranças com um elástico transparente pequeno, ou finalize com uma trança básica.

DICA IMPORTANTE

O segredo desse penteado é incluir as mechas soltas da parte de cima da trança na trança debaixo. Na hora de trançar o cabelo de outra pessoa é bem mais fácil de ver quais mechas acrescentar. Para saber o que fazer com o próprio cabelo você pode separar cada mecha em cascata com um elástico.

TRANÇA CORRENTE
O LOOK

A trança corrente é uma trança embutida com a borda elaborada. Você precisa pentear o cabelo para a frente de modo a criar uma mecha trançada que emoldura o rosto. A maneira como as mechas longas são inseridas na trança ao longo da linha do cabelo faz com que esse penteado se pareça com uma trança cascata invertida.

NÍVEL DE DIFICULDADE
Médio

COMPRIMENTO IDEAL DO CABELO
Médio a longo

PRECISA DE APLIQUE?
Não

PRECISA DE AJUDA?
Sim, mas com a prática é possível fazer sozinha.

ACESSÓRIOS
Você pode entrelaçar uma fita na trama para deixar a trança ainda mais bonita. Mas vale também enfeitar a ponta com um laço ou um elástico enfeitado.

DICA
Essa trança fica linda se você começar com a mecha do meio e reproduzi-la nos dois lados do rosto.

▶ **VEJA TAMBÉM**
Trança angelical (páginas 48-49) e Trança lateral (páginas 84-85)

Acima: penteado e fotografia de Christina Butcher, modelo Nicole Jeyaraj.
Abaixo à esquerda: penteado e fotografia de Christina Butcher, modelo Dorothy Jean Joly.
Abaixo à direita: penteado de Christina Butcher, fotografia de Xiaohan Shen, modelo lyn Mach.

COMO FAZER O PENTEADO

VOCÊ VAI PRECISAR DE:

- Escova
- Elástico transparente

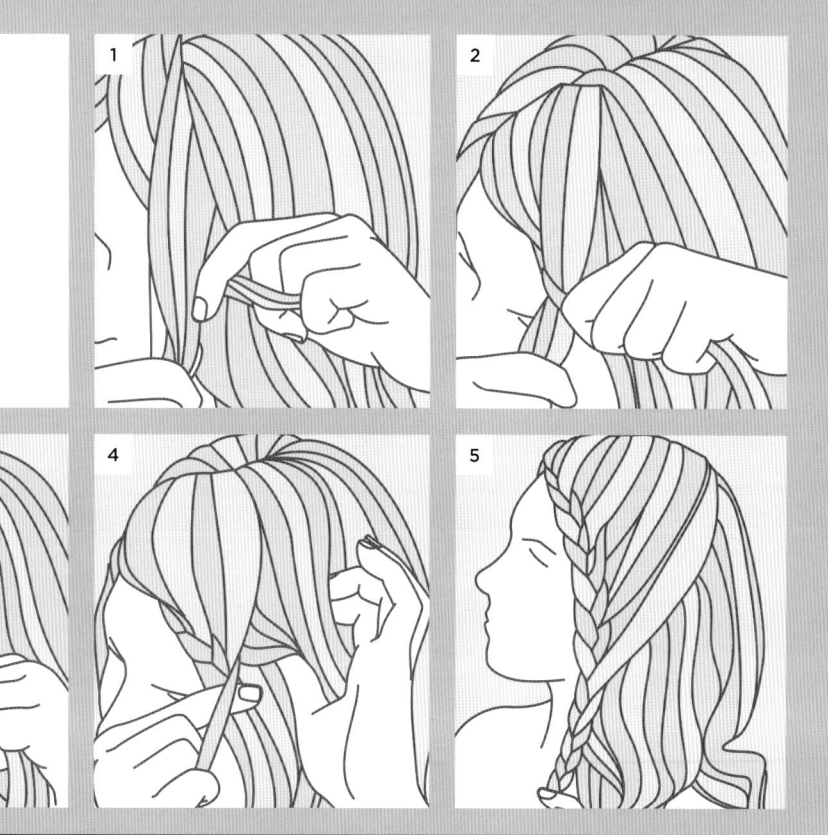

1. Escove o cabelo e faça um repartido profundo no lado direito da cabeça. Separe uma pequena mecha no início e a divida em três partes.
2. Comece a fazer uma trança embutida, mas adicione apenas mechas de trás (não da linha do cabelo).
3-4. Continue adicionando pequenas mechas à trança até atingir a altura da maçã do rosto ou da mandíbula.
5. Finalize com uma trança básica e prenda com um elástico transparente.

DICA IMPORTANTE

Direcione a trança para o rosto e à frente da linha do cabelo, de modo que ela fique bem no limite da sobrancelha e desça pelo lado esquerdo do rosto.

TRANÇA TIARA HOLANDESA
O LOOK

A trança tiara holandesa cria uma coroa de cabelo e é um penteado ótimo para quem não quer mostrar as orelhas, pois ele permite que você puxe a trança para a frente e as esconda. Feita a partir de duas tranças holandesas que começam na linha repartida diagonalmente na parte de trás da cabeça e giram ao redor dela, acompanhando a linha do cabelo, a trança tiara holandesa termina em marias-chiquinhas cujas pontas curvas fecham a tiara, emoldurando perfeitamente o rosto e criando um visual muito bonito para qualquer ocasião.

NÍVEL DE DIFICULDADE
Difícil

COMPRIMENTO IDEAL DO CABELO
Médio a longo

PRECISA DE APLIQUE?
Não

PRECISA DE AJUDA?
Sim, mas com a prática é possível fazer sozinha.

ACESSÓRIOS
Para um visual bem romântico, coloque uma tiara de flores. Você pode entrelaçar flores naturais ou colocar pequenas pedrinhas de cristal para acrescentar um pouco de brilho.

DICA
Esse tipo de trança tiara é perfeito para cabelos muito compridos, pois permite criar uma tiara dupla apenas dobrando a trança.

▶ **VEJA TAMBÉM**
Trança grega (páginas 78-79) e Coque com trança invertida (páginas 136-137)

Acima: penteado, fotografia e modelo por Suzy Wimbourne Photography.
Abaixo: penteado, fotografia e modelo por Christina Butcher.

COMO FAZER O PENTEADO

VOCÊ VAI PRECISAR DE:

- Escova
- Pente com cabo
- Palitos de cabelo (opcional)
- Grampos
- Grampo tipo clip
- 2 elásticos transparentes

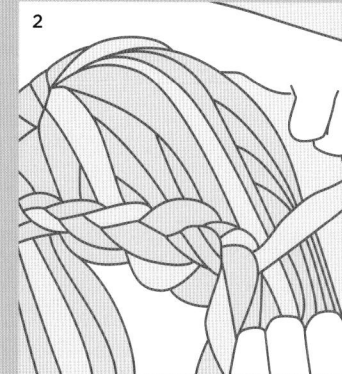

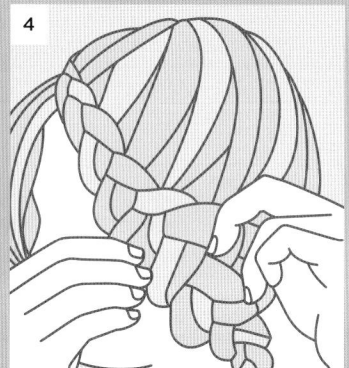

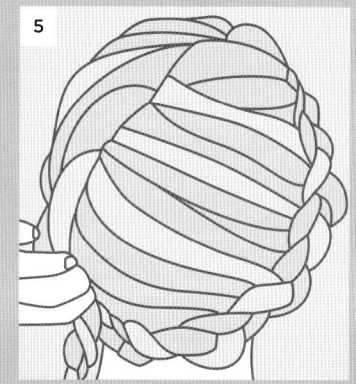

1. Escove o cabelo e, com o cabo do pente, faça um repartido lateral profundo no lado direito da cabeça e então direcione o repartido na diagonal até o lado direito do pescoço. Separe e prenda com um clip a parte da direita do cabelo repartido para não atrapalhar.
2. Separe uma mecha de 3 cm do lado esquerdo do repartido e divida em três partes. Se você usa franja, pode deixá-la solta ou incluí-la na trança. Comece com uma trança holandesa (ver páginas 44-45) acompanhando a linha do cabelo, mas adicione mechas próximas à linha da raiz, não à linha do cabelo.
3. Mantenha a trança holandesa contornando toda a linha do cabelo, adicionando mechas do repartido. Quando chegar à nuca, finalize com uma trança normal e prenda a ponta com um elástico transparente. Repita a trança holandesa do outro lado do repartido, contornando a linha do cabelo e finalizando com uma trança básica.
4. Como toque final, "abra" as tranças.
5. Prenda uma trança na outra e esconda as pontas embaixo do trançado.

DICA IMPORTANTE

Direcione a trança o mais perto possível da linha do cabelo. Mantenha a tensão dos fios durante o entrelaçamento e certifique-se de que a trança está emoldurando o seu rosto. O passo seguinte é "abrir" as tranças para que ela fique mais plana e cubra suas orelhas (se você quiser, é claro!).

TRANÇA CASCATA TORCIDA
O LOOK

Essa trança é uma variação da trança cascata. Em vez de três mechas, a cascata torcida usa apenas duas, deixando que as mechas soltas em cascata desçam entre a trama sem serem incorporadas de fato à trança. Como esse penteado é uma versão mais simples da trança cascata, ele é ideal para situações mais informais – uma saída à noite com os amigos, um dia com a família –, embora exija o mesmo cuidado no acabamento.

NÍVEL DE DIFICULDADE
Médio

COMPRIMENTO IDEAL DO CABELO
Médio a longo

PRECISA DE APLIQUE?
Não

PRECISA DE AJUDA?
Sim, mas com a prática é possível fazer sozinha.

ACESSÓRIOS
Coloque um laço ou uma bela presilha na ponta da trança ou entrelace uma fita para dar um toque colorido e chamar atenção para o torcido.

DICA
Se o seu cabelo for comprido, experimente fazer com que o torcido acompanhe toda a cabeça.

▸ **VEJA TAMBÉM**
Trança cascata (páginas 102-103) e Coque meio preso com laço (páginas 152-153)

Acima: penteado, fotografia e modelo por Mindy McKnight.
Abaixo à esquerda: penteado, fotografia e modelo por Christina Butcher.
Abaixo à direita: penteado e fotografia de Christina Butcher, modelo An Ly.

COMO FAZER O PENTEADO

VOCÊ VAI PRECISAR DE:

- Escova
- Grampos
- Elástico de cabelo

1. Comece escovando todo o cabelo para desembaraçar, depois separe uma mecha grande do lado direito da cabeça e divida em duas partes iguais. Na sequência, torça a mecha de cima ao redor da mecha de baixo.
2. Separe uma mecha de cabelo acima da torção e coloque-a entre as duas mechas torcidas. Ela não se junta às mechas torcidas, apenas desce direto.
3. Torça as duas mechas originais. Separe outra mecha acima do torcido e novamente coloque entre as duas mechas torcidas. Continue torcendo e colocando novas mechas entre os torcidos. Você deve conseguir fazer três ou quatro torcidos.
4. Quando alcançar o meio da parte de trás da cabeça, torça as duas mechas mais uma vez e prenda com um grampo para bob para fixar a trança na parte de trás da cabeça.
5. Repita no outro lado, torcendo e adicionando mechas que descem entre os torcidos. Quando chegar à parte de trás da cabeça onde a trança termina, adicione mais uma mecha, faça um torcido junto com a outra ponta e prenda com um grampo comum.

DICA IMPORTANTE

Certifique-se de que as mechas que caem entre os torcidos tenham o mesmo tamanho; se elas forem diferentes, a trança ficará irregular. Como esse penteado é feito apenas com as duas mechas originais, é recomendável separar uma mecha comprida o suficiente para ser torcida.

TRANÇA PRETZEL
O LOOK

Esse lindo coque é um jeito divertido de pentear o cabelo. Feito com duas marias-chiquinhas trançadas e torcidas em volta uma da outra, o coque baixo tem o formato de um pretzel. Esse penteado não precisa ser impecável – a ideia é criar um formato suave e arredondado usando as tranças. Ou seja, um look descolado, moderno e diferente que combina com qualquer roupa.

NÍVEL DE DIFICULDADE
Médio

COMPRIMENTO IDEAL DO CABELO
Longo

PRECISA DE APLIQUE?
Não

PRECISA DE AJUDA?
Sim, mas com a prática é possível fazer sozinha.

ACESSÓRIOS
Como a trança já é decorativa por si só, não vale a pena exagerar nos acessórios. Um simples palito de cabelo decorado no meio do pretzel já chama atenção para a trança.

DICA
Depois de aprender a fazer essa versão do penteado, experimente criar novos formatos e estilos com as marias-chiquinhas. Outra opção é fazer o estilo pretzel só que com a técnica da trança espinha de peixe (ver páginas 50-51) ou da trança desigual (ver páginas 90-91).

▶ **VEJA TAMBÉM**
Coque espiralado (páginas 148-149) e Coque lateral trançado (páginas 158-159)

Acima: penteado e fotografia de Christina Butcher, modelo Tanu Vasu.
Abaixo: penteado de Christina Butcher, fotografia de Xiaohan Shen, modelo Sophia Phan.

COMO FAZER O PENTEADO

VOCÊ VAI PRECISAR DE:

- Escova
- Grampos
- 2 elásticos de cabelo
- Palitos de cabelo (opcionais)

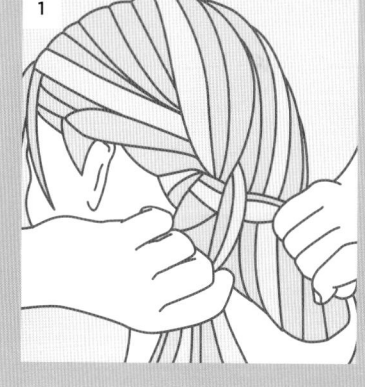

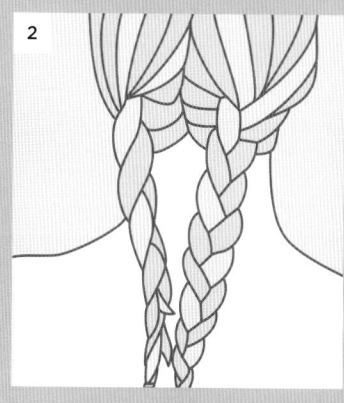

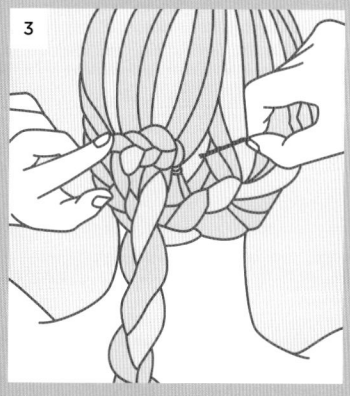

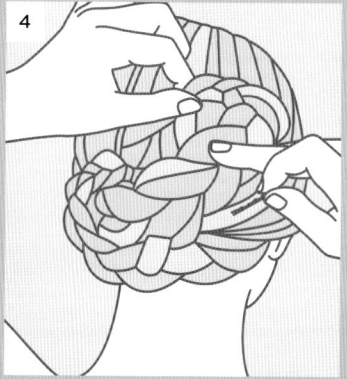

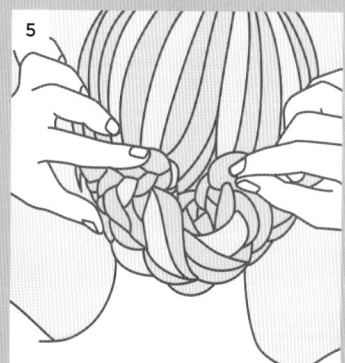

1. Escove o cabelo e reparta ao meio, dividindo-o em duas partes iguais.
2. Trance as duas partes em marias-chiquinhas e prenda as pontas com elásticos.
3. Cruze uma trança sobre a outra. Pegue a trança que estiver embaixo e torça ao redor da outra para criar um formato de "C". Prenda no lugar com a ajuda de grampos.
4. Repita com a outra trança, curvando-a para cima a ao redor para fazer o mesmo formato, e prenda.
5. Ajuste as tranças de modo que elas fiquem no formato de um pretzel ou no formato de um nó na parte de trás da cabeça. Esconda as pontas das tranças atrás do nó e prenda tudo com grampos. Use palitos para dar um toque estiloso, caso você tenha cabelo grosso.

DICA IMPORTANTE

Faça as marias-chiquinhas um pouco mais altas para que sobre espaço para o coque no formato de pretzel. Se você precisar de ajuda para manter as tranças no lugar, pode dividir o cabelo e prender com elásticos antes de começar a fazer a trança, mas lembre-se de retirar os elásticos antes de montar o formato de pretzel.

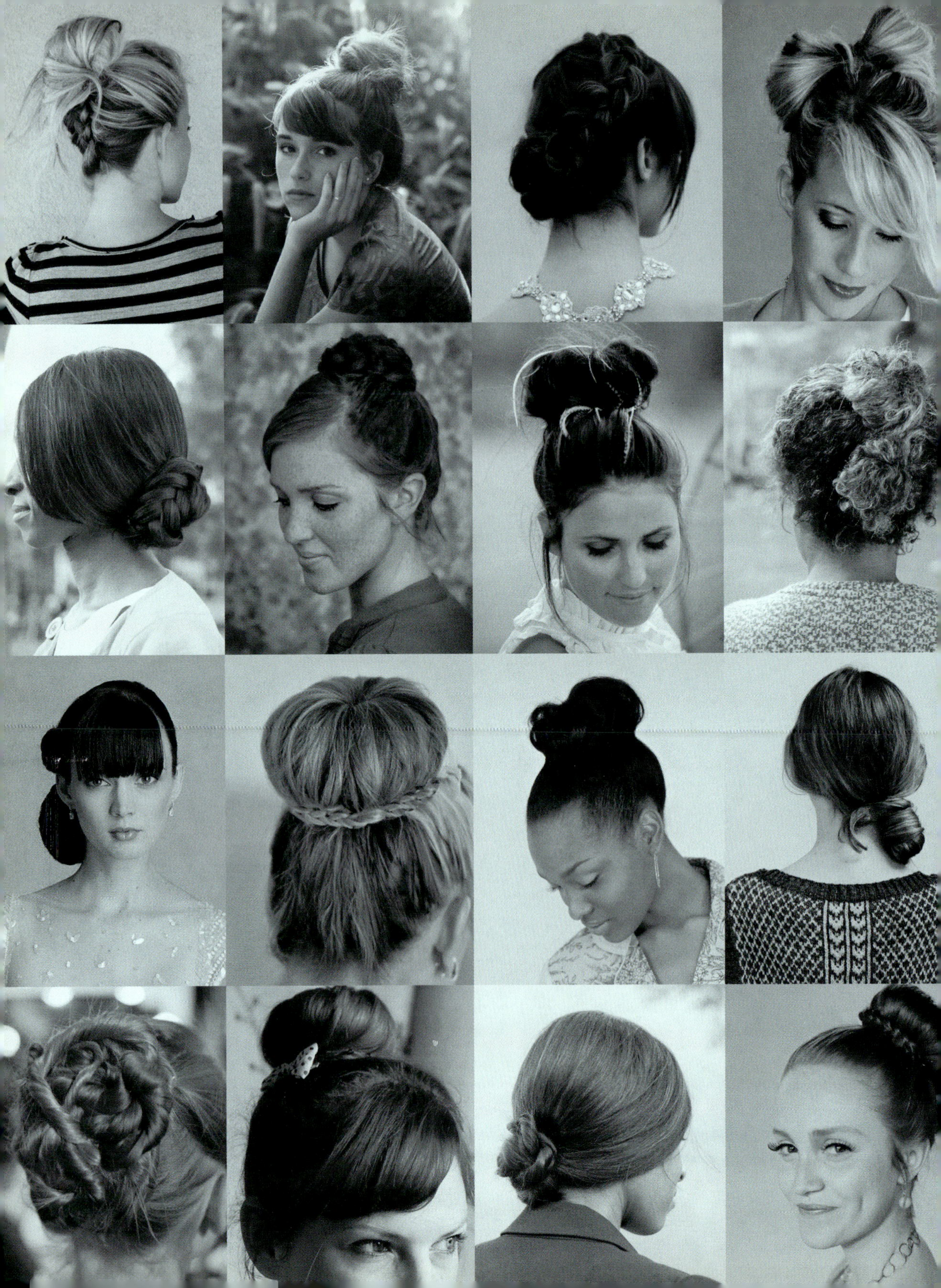

CAPÍTULO 3
COQUES, NÓS E TORCIDINHOS

COQUE SIMPLES
O LOOK

Tão francês, tão chique! O coque simples é um penteado que não exige muito esforço e é sempre estiloso. Rápido e fácil de fazer, ele é a saída perfeita para esconder o cabelo nos dias em que ele está estranho e ainda manter alguma credibilidade fashion. O coque simples fica no alto da cabeça, adicionando bastante volume ao seu visual. Ele fica melhor com o cabelo no dia depois de lavado.

NÍVEL DE DIFICULDADE
Fácil

COMPRIMENTO IDEAL DO CABELO
Longo

PRECISA DE APLIQUE?
Não

PRECISA DE AJUDA?
Não

ACESSÓRIOS
O coque simples é uma plataforma incrível para todos os tipos de acessórios. Faixas dão um toque elaborado à frente, mas você pode acrescentar flores, lenços ou laços para enfeitar a parte de trás do coque.

DICA
Mantenha um visual desalinhado ou experimente uma das variações do coque simples neste capítulo para um look mais elaborado, tais como o coque rosquinha ou o coque com trança.

VEJA TAMBÉM
Coque rosquinha (páginas 118-119) e Coque simples trançado (páginas 124-125)

Acima: fotografia cortesia de Brooklyn Tweed. Penteado de Stephanie Gelot e Aine Vonnegut, fotografia de Jared Flood, modelo Aine Vonnegut.
Abaixo à esquerda: penteado, fotografia e modelo por Alison Titus.
Abaixo à direita: fotografia cortesia de Plum Pretty Sugar. Makeup 1011 e Katie M, fotografia de Marisa Holmes.

COQUES, NÓS E TORCIDINHOS

COMO FAZER O PENTEADO

VOCÊ VAI PRECISAR DE:

- Escova
- Grampos
- Elástico de cabelo
- Spray fixador (opcional)

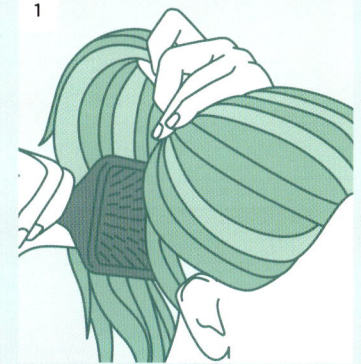

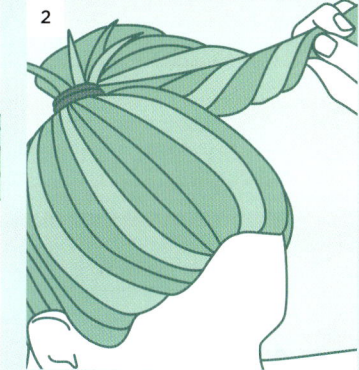

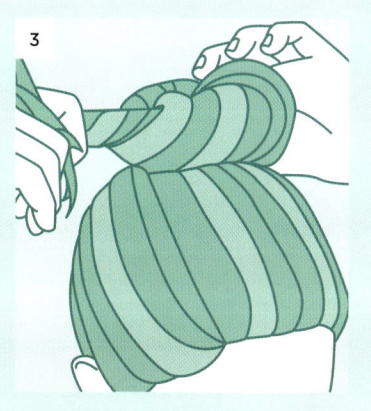

1. Escove o cabelo e prenda num rabo de cavalo alto com um elástico forte.
2. Torça o cabelo e depois enrole em volta da base do rabo de cavalo. Se o seu cabelo é comprido, talvez seja necessário dar duas voltas, mas não estique muito porque a ideia é deixar o coque um pouco frouxo.
3. Prenda a base do coque com grampos.
4. Se necessário, finalize com uma borrifada de spray para manter os fios soltos no lugar.

DICA IMPORTANTE

Você precisa apenas de quatro grampos para fixar o coque - um na frente, outro atrás e um em cada lado. Se o seu cabelo é grosso, use um grampo mais longo para manter o coque no lugar. Não tente fazer um coque muito perfeito - se estiver muito apertado, pode provocar dor de cabeça. Além disso, o objetivo é parecer que foi feito sem maiores esforços.

COQUE ROSQUINHA
O LOOK

Esse coque tem um pequeno segredo: enchimento! O enchimento em forma de rosquinha dá um toque de glamour e transforma o coque simples numa declaração de estilo. Esse penteado também é conhecido como coque com meia, por causa do velho truque de usar uma meia ou polaina para improvisar o enchimento em forma de rosquinha. Basta cortar a parte dos dedos da ponta da meia e enrolar o "tubo" que sobrar no formato de rosquinha para obter o enchimento ideal para coque. Também existem enchimentos com outros formatos, tamanhos e cores nas lojas especializadas. Graças a esse segredo, todo mundo vai pensar que você tem uma cabeleira farta e comprida, portanto é um visual ótimo para quem tem cabelo fino e curto.

NÍVEL DE DIFICULDADE
Médio

COMPRIMENTO IDEAL DO CABELO
Médio a longo

PRECISA DE APLIQUE?
Não

PRECISA DE AJUDA?
Não

ACESSÓRIOS
Como o coque simples, o coque rosquinha pede um acessório. Amarre lenços em volta do coque ou coloque presilhas, flores ou faixas.

DICA
Experimente fazer o coque rosquinha baixo, bem na base da nuca, ou de lado, para um visual assimétrico.

> **VEJA TAMBÉM**
> Coque leque (páginas 154-155) e Coque lateral trançado (páginas 158-159)

Acima: penteado e maquiagem de Erin Skipley, fotografia de Elizabeth Messina, modelo Faye.
Abaixo à esquerda: penteado e modelos por Chrissann Gasparro, fotografia de Drew Nebrig.
Abaixo à direita: penteado de Flavia Carolina/Versa Artistry, fotografia de Yan Photo.

COQUES, NÓS E TORCIDINHOS

COMO FAZER O PENTEADO

VOCÊ VAI PRECISAR DE:

- Escova raquete ou de cerdas
- Enchimento em forma de rosquinha
- Pente
- Grampos invisíveis
- Elástico de cabelo
- Spray fixador

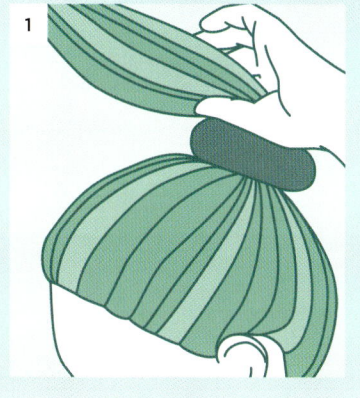

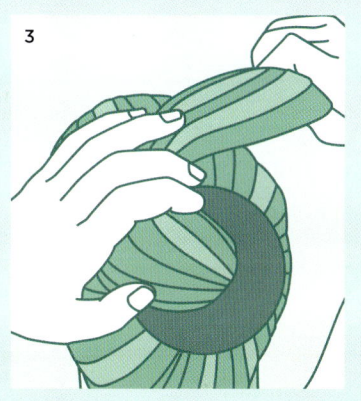

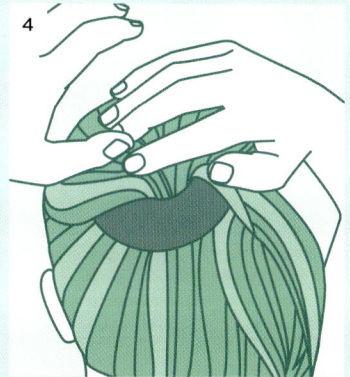

1. Use a escova raquete ou a de cerdas para juntar todo o cabelo num rabo de cavalo alto e prenda com um elástico forte. O rabo de cavalo precisa estar firme para segurar o coque. Coloque o enchimento em forma de rosquinha na cabeça e passe o rabo de cavalo por dentro dele. Escolha um enchimento com a cor mais próxima de seu cabelo.
2. Desfie o rabo de cavalo com cuidado para criar mais volume, de modo a ter cabelo suficiente para cobrir a rosquinha.
3. Cubra a rosquinha com o cabelo.
4. Encontre o meio do rabo de cavalo e enrole a mecha de cabelo que sobrou ao redor do coque. Use grampos para prender as pontas do cabelo. Você pode também esconder as pontas embaixo da rosquinha para manter o coque impecável.
5. Finalize com uma borrifada de spray para alisar os fios soltos.

DICA IMPORTANTE

Mantenha o coque rosquinha meio desalinhado para dar a impressão de um look natural e ninguém perceber que há um enchimento escondido. Desfie o rabo de cavalo para dar textura ao penteado e puxe algumas mechas de cabelo para manter um visual despojado. Se quiser pode usar uma meia em vez do enchimento de espuma.

COQUE TRANÇADO ESPINHA DE PEIXE
O LOOK

Aumente a textura do coque simples com essa trança espinha de peixe. Esse penteado fica melhor para quem tem cabelo comprido, mas é possível usar apliques ou enchimento para acrescentar mais volume ao look. O coque é feito com duas tranças espinha de peixe enroladas para formar um coque alto. Embora dê para perceber a linda trama espinha de peixe, não é possível dizer que se trata de duas tranças depois do coque pronto. As tranças espinha de peixe são geralmente desalinhadas, portanto, prepare-se para ter um coque igualmente desalinhado. É um ótimo penteado para sair com os amigos e se divertir.

NÍVEL DE DIFICULDADE
Médio

COMPRIMENTO IDEAL DO CABELO
Longo

PRECISA DE APLIQUE?
Não

PRECISA DE AJUDA?
Sim

ACESSÓRIOS
O coque trançado espinha de peixe é tão elaborado que é melhor manter a simplicidade nos acessórios. Basta uma faixa clássica para dar um toque de sofisticação.

DICA
Se você tem o cabelo comprido, pode fazer uma única trança e enrolá-la para formar o coque. Ou então experimentar fazer três ou quatro tranças menores e juntá-las num coque rico em detalhes.

VEJA TAMBÉM
Trança espinha de peixe (páginas 50-51) e Coque alto trançado (páginas 170-171)

Acima: penteado e fotografia de Christina Butcher, modelo Elly Hanson.
Abaixo: penteado e fotografia de Christina Butcher, modelo Michaela Williams.

COQUES, NÓS E TORCIDINHOS

COMO FAZER O PENTEADO

VOCÊ VAI PRECISAR DE:

- Escova raquete ou de cerdas
- Clipes
- Grampos
- Elástico grosso
- 2 elásticos transparentes pequenos

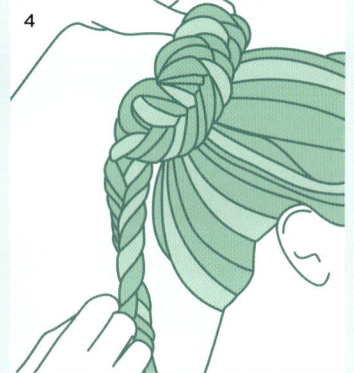

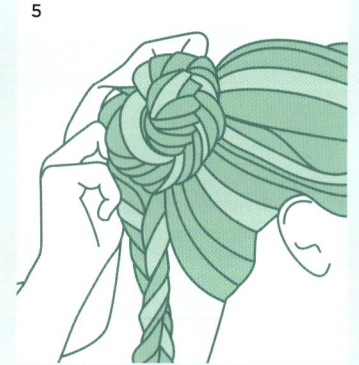

1. Use a escova raquete ou a de cerdas para juntar todo o cabelo num rabo de cabelo alto e prenda com um elástico forte.
2. Divida o rabo de cavalo em dois e prenda um deles com o clipe. Divida a outra parte em duas menores e comece uma trança espinha de peixe (ver páginas 50-51). Prenda a ponta da trança com um elástico transparente pequeno. Repita a operação e faça uma trança espinha de peixe com a outra metade do rabo de cavalo.
3. "Abra" as laterais das tranças com os dedos.
4. Pegue a primeira trança e faça uma torção para cima e ao redor da base do rabo de cavalo, prendendo com a ajuda de grampos.
5. Repita o passo 4 com a segunda trança, enrolando na direção oposta para criar um coque cheio. Prenda o coque com grampos.

DICA IMPORTANTE

"Abrir" as tranças antes de torcê-las para criar o coque destaca o formato intrincado das tranças e deixa o penteado mais elaborado. Você também pode ajustar o coque depois que ele estiver preso, mas é mais fácil modelar as tranças antes.

COQUE ALTO DESALINHADO
O LOOK

A sensação é de que você teve a melhor noite da sua vida e que acabou de se levantar da cama, ainda com o cabelo despenteado. Na verdade, quanto mais desarrumado e sujo o cabelo estiver, melhor ficará o coque. Se o cabelo estiver limpo, use um pó modelador ou um spray de água salgada para bagunçar os fios antes de fazer o penteado. Trata-se de um visual que valoriza os fios soltos, então tenha isso em mente quando fizer seus planos. Não é um penteado para ocasiões formais, e sim para situações casuais.

NÍVEL DE DIFICULDADE
Fácil

COMPRIMENTO IDEAL DO CABELO
Longo

PRECISA DE APLIQUE?
Não

PRECISA DE AJUDA?
Não

ACESSÓRIOS
Esse penteado parece simples, e é mesmo. Não há, portanto, necessidade de enfeitar o coque. Uma faixa ou fita bem fininha podem dar um toque de cor, mas não exagere.

DICA
O coque alto desalinhado é ainda mais fácil de fazer se você tem o cabelo naturalmente encaracolado ou ondulado, e fica perfeito no dia depois de lavado. O coque desalinhado também pode ser feito baixo, na base da nuca ou na lateral.

VEJA TAMBÉM
Rabo de cavalo lateral (páginas 18-19) e Rabo de cavalo despojado (páginas 32-33)

Acima: penteado, fotografia e modelo por Alison Titus.
Abaixo à esquerda: penteado e maquiagem de Erin Skipley, fotografia de Elizabeth Messina, modelo Ashlyn Pearce.
Abaixo à direita: fotografia cortesia de Fine Featherheads. Foto de Kate Broussard/Soulshots.

COQUES, NÓS E TORCIDINHOS

COMO FAZER O PENTEADO

VOCÊ VAI PRECISAR DE:

- Xampu seco
- Enchimento em forma de rosquinha
- Pente
- Grampos
- Elástico de cabelo
- Grampo invisível (opcional)

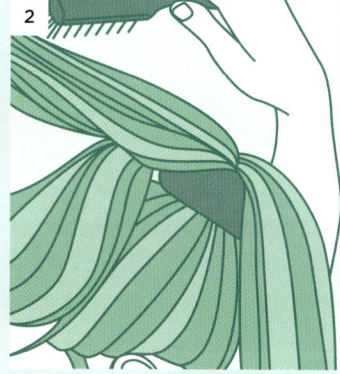

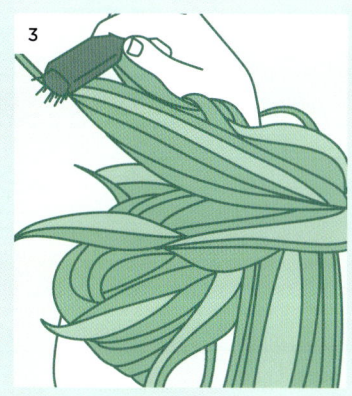

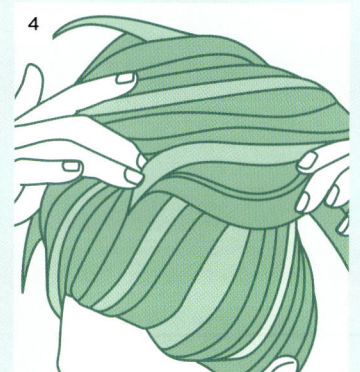

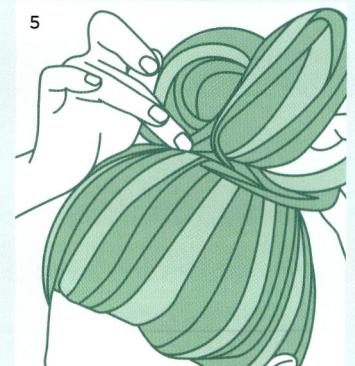

1. Borrife xampu seco no cabelo para criar volume. O objetivo é que o visual final pareça bagunçado e relaxado, portanto, não penteie o cabelo. Use os dedos para juntar e fazer um rabo de cavalo alto. Coloque o enchimento em forma de rosquinha na base do rabo de cavalo.
2-3. Desfie o rabo de cavalo para criar ainda mais volume.
4. Torça o rabo de cavalo com cuidado, curvando-o ao redor de sua base para fazer o coque. Use grampos para prender o coque. Se o seu cabelo é grosso ou crespo, experimente usar um grampo invisível para deixar o penteado mais firme.
5. Puxe algumas mechas de cabelo e deixe-as soltas ao redor do rosto e na base da nuca para dar a esse estilo um visual "natural".

DICA IMPORTANTE

O xampu seco é o produto modelador perfeito para esse penteado, esteja seu cabelo sujo ou não. Ele absorve a oleosidade das raízes e dá mais textura às pontas e ao meio do cabelo.

COQUE SIMPLES TRANÇADO
O LOOK

Vá além do coque simples e deixe que seu cabelo seja o principal acessório desse look. Para isso, simplesmente enrole uma trança em volta da base do coque alto. Dependendo do comprimento e da textura de seu cabelo, você pode começar com um coque simples ou com um coque rosquinha, e deixar uma mecha ao lado da base do coque para depois fazer uma trança. Essa técnica proporciona uma maneira simples para deixar um coque básico do dia a dia mais sofisticado.

NÍVEL DE DIFICULDADE
Médio

COMPRIMENTO IDEAL DO CABELO
Longo

PRECISA DE APLIQUE?
Não

PRECISA DE AJUDA?
Não

ACESSÓRIOS
Uma simples faixa ou presilha já enfeita, mas a trança é o verdadeiro acessório desse penteado. Para um evento noturno, uma presilha de veludo ou com pedrinhas pode ser colocada na parte de trás do coque. Grampos com pedrinhas também podem ser colocadas no meio do coque para um brilho extra.

DICA
Em vez de fazer a trança básica, experimente a espinha de peixe. Você pode até optar por fazer duas ou três trancinhas finas e prendê-las ao redor do coque para deixar o visual mais elaborado. Outra opção é fazer o coque na lateral ou bem baixo, na base da nuca.

> **VEJA TAMBÉM**
> Coque com laço (páginas 150-151) e Coque lateral trançado (páginas 158-159)

Acima: penteado, fotografia e modelo por Lana Red Studio.
Abaixo à esquerda: penteado e fotografia de Marie-Pierre Sander.
Abaixo à direita: penteado de Ceci Meyer/Tribe Hair Studio, fotografia de Brittany Lauren.

COMO FAZER O PENTEADO

VOCÊ VAI PRECISAR DE:

- Escova
- Enchimento em forma de rosquinha (opcional)
- Grampos
- Elástico transparente pequeno
- Elástico de cabelo grosso
- Spray fixador (opcional)

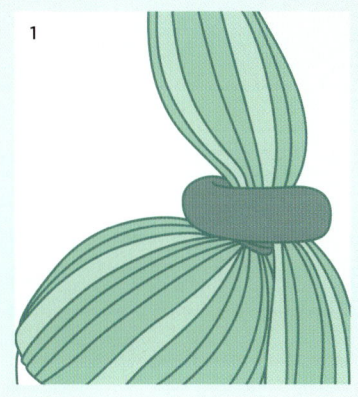

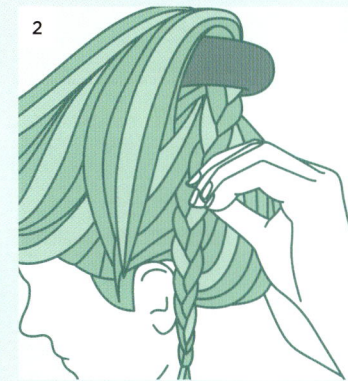

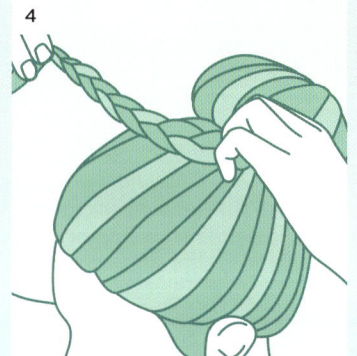

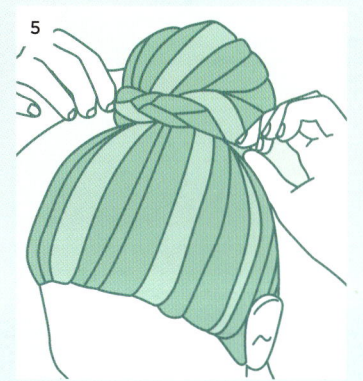

1. Penteie o cabelo e faça um rabo de cavalo. Prenda com um elástico grosso. Separe uma mecha de cabelo do rabo de cavalo e passe por baixo do enchimento em forma de rosquinha. Coloque o enchimento na base do rabo de cavalo.
2. Divida a mecha de cabelo embaixo da rosquinha em três e faça uma trança básica. Prenda com um elástico transparente pequeno.
3. Deixe a trança de lado, faça o coque rosquinha (ver páginas 118-119). Se o seu cabelo é comprido, é possível fazer um coque simples sem a rosquinha (ver páginas 116-117).
4. Prenda o coque no lugar com a ajuda de grampos e depois enrole a trança ao redor da base do coque e prenda com grampos.
5. Se necessário, finalize com uma borrifada de spray para fixar o penteado e segurar os fios soltos.

DICA IMPORTANTE

A textura do cabelo vai determinar o tamanho da trança para contornar a base do coque. Para tirar uma mecha do próprio rabo de cavalo é preciso ter certeza de que sobrará cabelo suficiente para fazer o coque. É possível colocar um aplique se o cabelo for fino ou curto demais.

COQUE BAIXO DESALINHADO
O LOOK

A elegância desse coque está em sua simplicidade. Existem incontáveis exemplos deste penteado sendo usado nos tapetes vermelhos, pois ele é perfeito para fazer um contraponto à alta moda. O coque baixo desalinhado fica descuidadamente colocado na base da nuca e cria uma aura de perfeição e simplicidade, o que o torna uma opção prática para o dia a dia.

NÍVEL DE DIFICULDADE
Fácil

COMPRIMENTO IDEAL DO CABELO
Médio a longo

PRECISA DE APLIQUE?
Não

PRECISA DE AJUDA?
Não

ACESSÓRIOS
O visual inacabado fica melhor sem acessórios. Se quiser apostar no estilo boho, no entanto, coloque uma tiara de flores ou entrelace flores no coque.

DICA
Adote o cabelo bagunçado! Se o seu cabelo é crespo ou ondulado, este estilo é perfeito. O coque baixo desalinhado também pode ser usado de lado para criar um visual assimétrico chiquérrimo.

VEJA TAMBÉM
Rabo de cavalo baixo (páginas 24-25) e Trança baixa com maria-chiquinha (páginas 68-69)

Acima: fotografia cortesia de Brooklyn Tweed. Penteado de Karen Schaupeter, fotografia de Jared Flood, modelo Aine Vonnegut.

COQUES, NÓS E TORCIDINHOS

COMO FAZER O PENTEADO

VOCÊ VAI PRECISAR DE:

- Xampu seco
- Pente
- Grampos
- Elástico de cabelo
- Grampo invisível (opcional)

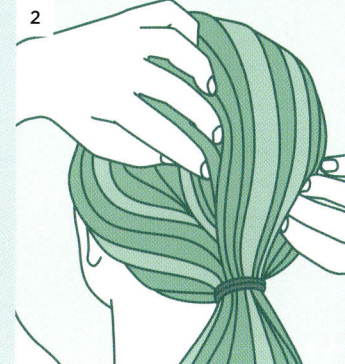

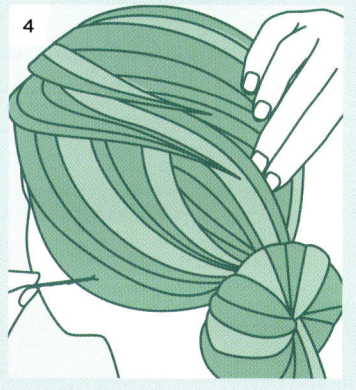

1. Reforce a textura do cabelo usando o xampu seco para aumentar o volume. Não escove. Em vez disso, use os dedos para prender o cabelo num rabo de cavalo baixo sobre a base da nuca, e prenda com um elástico.
2. Desfie com cuidado o rabo de cavalo para aumentar o volume do cabelo e deixá-lo mais bagunçado. Afofe o cabelo acima do rabo de cavalo para que ele não fique muito apertado, e deixe alguns fios soltos.
3. Torça o rabo de cavalo e enrole-o ao redor de sua base para fazer o coque. Use grampos para prender o coque no lugar. Se o cabelo for grosso ou cacheado, experimente usar um grampo mais longo para dar uma fixação mais firme.
4. Puxe algumas mechas do coque para que ele fique irregular. Lembre-se de que este é um coque desalinhado... portanto, divirta-se!

DICA IMPORTANTE

Se o cabelo tiver sido lavado recentemente, você pode fingir que ele está meio sujo usando o xampu seco ou algum pó modelador para aumentar o volume. Lembre-se de que o objetivo desse penteado é parecer inacabado, então ele ficará diferente toda vez que você o fizer.

COQUE GIBSON
O LOOK

Perfeito para eventos mais formais e sofisticados, o coque Gibson é um penteado clássico que ficou popular nos anos 1940 e essa é uma versão atualizada do original. Usando como base um rabo de cavalo, você enrola o cabelo na linha acima dele. Incrivelmente fácil de fazer, o coque Gibson cria uma silhueta elegante com o design arredondado que acompanha a linha da nuca.

NÍVEL DE DIFICULDADE
Médio

COMPRIMENTO IDEAL DO CABELO
Médio a longo

PRECISA DE APLIQUE?
Não

PRECISA DE AJUDA?
Não

ACESSÓRIOS
Este penteado elegante é ideal para ser usado com acessórios. Você pode colocar suas joias preferidas no alto do rolo para criar um penteado refinado. Flores naturais ou de seda também são perfeitas para enfeitar esse penteado chique.

DICA
Você pode criar um visual mais assimétrico escondendo o cabelo dentro do coque Gibson apenas de um lado. Para criar mais detalhes nas laterais, solte algumas mechas na parte da frente, torcendo-as de volta para a parte de cima do coque.

▸ **VEJA TAMBÉM**
Trança pretzel (páginas 112-113) e Coque corda (páginas 164-165)

Acima: penteado, fotografia e modelo por Lana Red Studio.
Abaixo: penteado e modelo por Christina Butcher, fotografia de Xiaohan Shen.

COMO FAZER O PENTEADO

VOCÊ VAI PRECISAR DE:

- Escova
- Grampos ou grampos invisíveis
- Elástico de cabelo grosso
- Spray fixador (opcional)

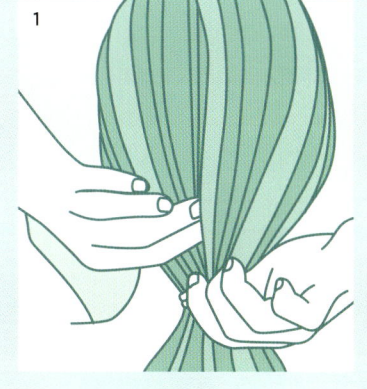

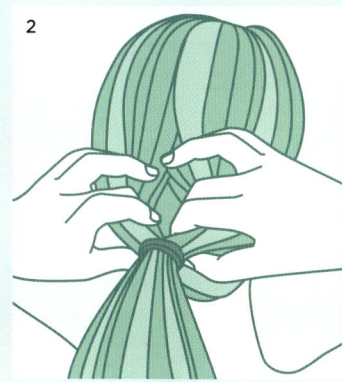

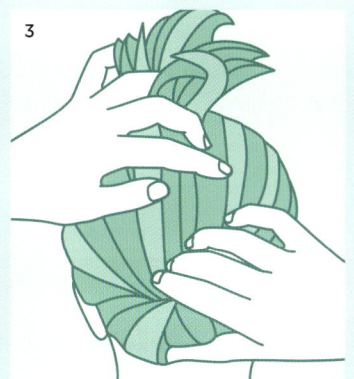

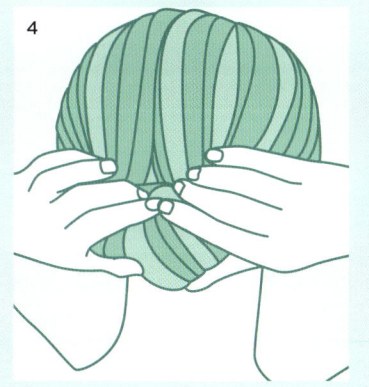

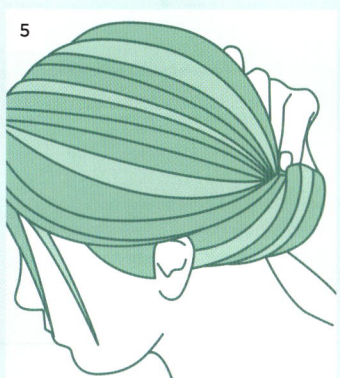

1. Escove o cabelo e prenda num rabo de cavalo baixo, na base da nuca. Use um elástico grosso.
2. Na sequência, deslize o elástico de 3 a 6 cm para baixo no rabo de cavalo, de modo a criar um espaço entre o elástico e a base da nuca.
3. Use os dedos para empurrar o cabelo e assim criar um espaço. Não empurre até vazar do outro lado, simplesmente crie um espaço para abrigar todo o cabelo.
4. Torça o rabo de cavalo para cima e comece a empurrá-lo para dentro desse espaço. Continue torcendo e empurrando até esconder tudo.
5. Quando o cabelo estiver todo escondido, fixe-o no lugar com grampos. Finalize com uma borrifada de spray para o penteado durar o dia inteiro.

DICA IMPORTANTE

Não se esqueça de prender as laterais do cabelo no coque. Quando começar a enrolar o cabelo para o espaço acima do rabo de cavalo, pode parecer apertado, mas não se preocupe. Continue torcendo o cabelo para criar o formato torcidinho.

COQUE BANANA
O LOOK

Este penteado clássico tem sido usado por ícones da moda ao longo de gerações. O coque banana, também conhecido como torcidinho, é um visual chique muito simples e prático de fazer – basta torcer e prender com um grampo. Seu estilo sofisticado funciona muito bem para o dia e também para a noite.

NÍVEL DE DIFICULDADE
Médio

COMPRIMENTO IDEAL DO CABELO
Médio a longo

PRECISA DE APLIQUE?
Não

PRECISA DE AJUDA?
Sim, mas com a prática é possível fazer sozinha.

ACESSÓRIOS
A lateral do coque banana pode receber um acessório que combine com a roupa que você está usando. Pode ser um grampo com pedrinhas ou flores naturais ou de seda, se o objetivo for criar um estilo mais romântico.

DICA
Esse coque sofisticado pode ser usado de forma elegante e impecável num evento à noite, ou desalinhado e bagunçado para um compromisso diurno chique. O coque banana em geral é feito na parte de trás da cabeça, mas também pode ser deslocado para a lateral para ganhar um toque assimétrico.

▶ **VEJA TAMBÉM**
Trança embutida (páginas 42-43) e Coque "torce e prende" (páginas 142-143)

Acima: penteado de Ky Wilson/Electric Jairdressing London, fotografia de Matt Jones.
Abaixo: penteado e fotografia de Jordan Byers, fotografia de Tec Petaja.

COQUES, NÓS E TORCIDINHOS

COMO FAZER O PENTEADO

VOCÊ VAI PRECISAR DE:

- Escova
- Grampos
- Grampo invisíveis (opcional)

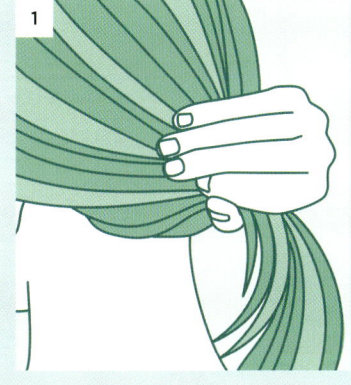

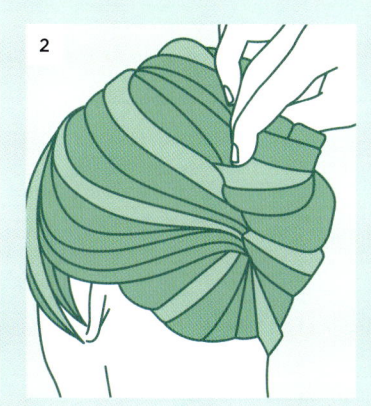

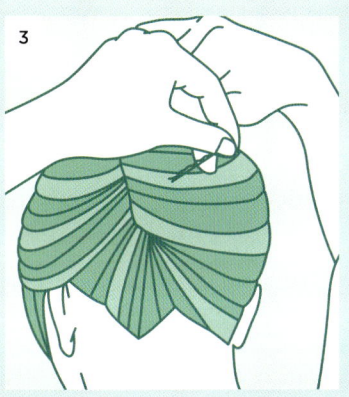

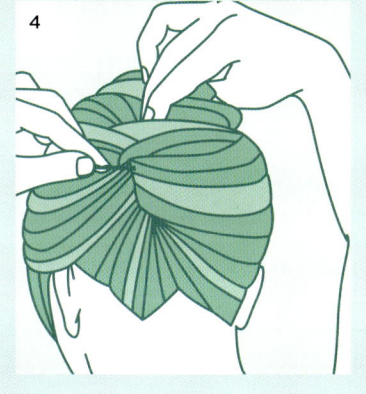

1. Escove o cabelo e faça um rabo de cavalo baixo.
2. Torça o rabo de cavalo para baixo e depois na vertical.
3. Enrole a ponta do rabo de cavalo e vire-a para dentro de modo a formar um rolo.
4. Prenda a lateral do torcido com a ajuda de grampos. Se o seu cabelo for volumoso, use grampos mais longos para garantir uma fixação mais firme.

DICA IMPORTANTE

Para manter o coque banana no lugar, coloque o grampo na horizontal. Para um acabamento seguro, prenda da esquerda para a direita, girando o grampo 180 graus de modo a incluir o cabelo da parte de cima do torcido, e então empurre o grampo para baixo.

COQUE COM PALITO
O LOOK

O coque com palito é um penteado chique ideal para quem tem cabelo comprido. O palito de cabelo é uma solução realmente fácil de prender o cabelo, sem contar a vantagem de não estar prendendo o cabelo num elástico ou usando grampos apertados e assim evitando quebrar ou marcar os fios. Torça ou enrole o cabelo para cima e entrelace o palito no coque para prender no lugar. Esse acessório dá um toque divertido ao visual.

NÍVEL DE DIFICULDADE
Fácil

COMPRIMENTO IDEAL DO CABELO
Médio a longo

PRECISA DE APLIQUE?
Não

PRECISA DE AJUDA?
Não

ACESSÓRIOS
O palito de cabelo é o acessório deste penteado. Existem versões simples e clássicas, e também modelos com pedrinhas e enfeites.

DICA
O palito de cabelo pode ser usado para enfeitar qualquer coque. Experimente colocar num coque alto, ou baixo, ou no coque banana.

VEJA TAMBÉM
Coque banana (páginas 130-131) e Coque corda (páginas 164-165)

Acima: penteado de Christina Butcher, fotografia de Xiaohan Shen, modelo Jessica Tran.
Abaixo: penteado de Christina Butcher, fotografia de Xiaohan Shen, modelo Monica Bowerman.

COQUES, NÓS E TORCIDINHOS

COMO FAZER O PENTEADO

VOCÊ VAI PRECISAR DE:

- Escova
- Palitos de cabelo
- Grampos (opcionais)
- Elástico de cabelo (opcional)

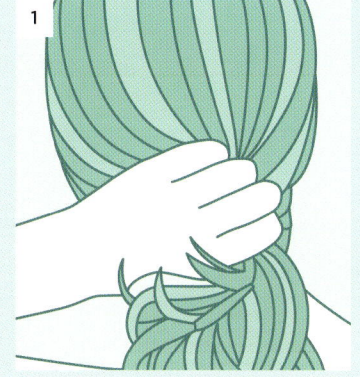

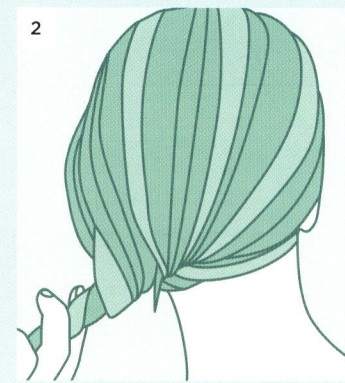

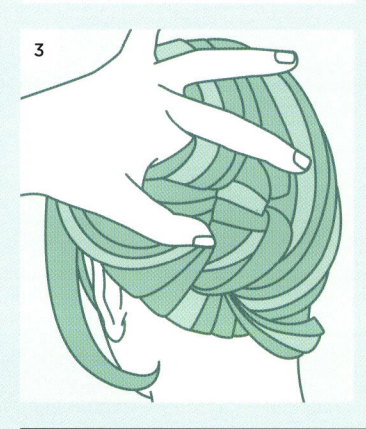

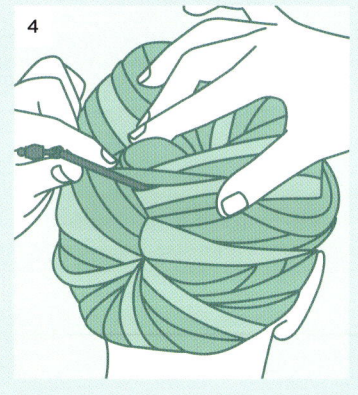

1. Escove o cabelo e faça um rabo de cavalo baixo.
2. Torça o cabelo para baixo e depois gire para cima e enrole (como no coque banana).
3. Esconda as pontas no cabelo dentro da dobra.
4. Coloque o palito de cabelo ou grampo para prender o coque. Cruze um segundo palito no outro lado do coque para fixar melhor.

DICA IMPORTANTE

Coloque o palito como se "costurasse" o coque para garantir que ele esteja de fato preso, depois cruze com o outro palito para garantir que o coque não saia do lugar. Você pode usar um elástico ou alguns grampos para um apoio adicional, caso seu cabelo seja comprido ou volumoso, mas os palitos devem ser suficientes para fixar o coque.

COQUE EM FORMA DE 8
O LOOK

O coque em forma de 8 é uma versão engenhosa do coque tradicional. Fazer o coque a partir do cabelo torcido e depois virar o cabelo ao contrário para criar a forma de 8 é sem dúvida uma maneira de criar um visual diferenciado. Com esse penteado você ganha um look arrumado que se adequa muito bem ao ambiente profissional e também aos compromissos mais formais.

NÍVEL DE DIFICULDADE
Médio

COMPRIMENTO IDEAL DO CABELO
Longo

PRECISA DE APLIQUE?
Sim, este penteado fica melhor em cabelo comprido ou muito comprido.

PRECISA DE AJUDA?
Não

ACESSÓRIOS
Coloque um palito decorativo no meio do coque para dar um ar oriental ao penteado.

DICA
Faça o coque em forma de 8 na lateral e transforme-o no símbolo do infinito.

VEJA TAMBÉM
Rabo de cavalo com gominhos (páginas 34-35) e Trança em forma de 8 (páginas 76-77)

Acima: penteado e fotografia de Christina Butcher, modelo Na Ly.

COMO FAZER O PENTEADO

VOCÊ VAI PRECISAR DE:

- Escova
- Grampos
- Palito de cabelo ou presilha (opcional)
- Spray fixador (opcional)

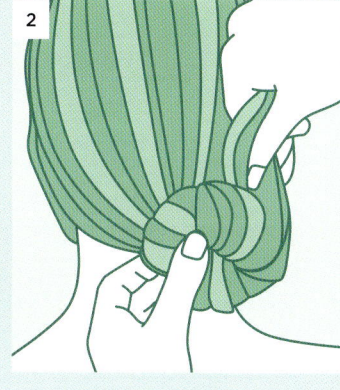

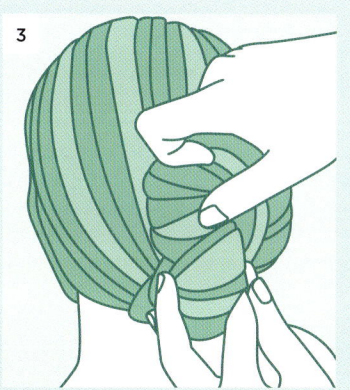

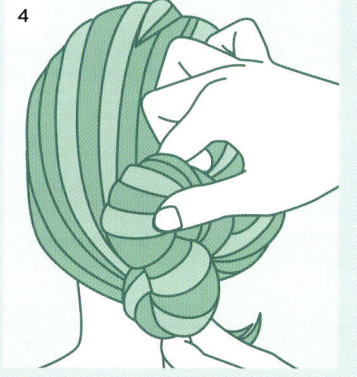

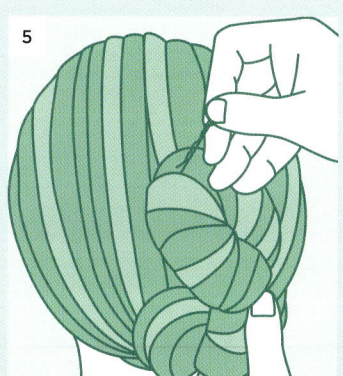

1. Escove o cabelo e faça um rabo de cavalo baixo e com uma torção para baixo. Se você é destra, torça no sentido anti-horário, e se você é canhota, torça no sentido horário.
2. Continue torcendo o cabelo até formar um coque baixo.
3. Pegue a parte central do coque (a primeira torcida) e gire-a para o alto, acima do coque original.
4. Ajuste a mecha torcida para que ela forme o desenho em forma de 8. E esconda as pontas na base ou na lateral do coque, dependendo do comprimento do cabelo.
5. Prenda o coque com grampos no alto e na base. Você pode ainda inserir um grampo no meio do coque ou usar uma presilha para mantê-lo no lugar. Se necessário, dê uma borrifada de spray para maior fixação.

DICA IMPORTANTE

Mantenha o torcido apertado (mas nem tanto!) para ajudar a manter o formato e a elegância desse coque tão especial.

COQUE COM TRANÇA INVERTIDA
O LOOK

O nome desse coque está diretamente ligado à sua estrutura: uma trança invertida que sobe pela parte de trás da cabeça e se encontra com um coque no alto. Esse penteado reúne várias vantagens – ele não apenas combina uma linda trança com um coque prático e elegante, como também acrescenta altura ao penteado e permite infinitas variações, o que o torna uma opção versátil para todo tipo de ocasião: formal, informal, em casa ou viajando de férias. O coque com trança invertida tem uma única exigência: ele requer prática.

NÍVEL DE DIFICULDADE
Difícil

COMPRIMENTO IDEAL DO CABELO
Médio a longo

PRECISA DE APLIQUE?
Não, mas pode ser usado para acrescentar volume.

PRECISA DE AJUDA?
Sim. O passo a passo mostra como fazer sozinha, mas esse penteado é mais fácil com a ajuda de alguém.

ACESSÓRIOS
Esse penteado tem muitos detalhes, portanto, não é necessário acrescentar nenhum acessório.

DICA
Existem muitas maneiras de personalizar esse penteado. Experimente fazer a trança francesa (embutida) em vez da holandesa, por exemplo. Outra opção é fazer a trança espinha de peixe se o cabelo for comprido, ou um coque desalinhado ou trançado.

VEJA TAMBÉM
Trança embutida (páginas 42-43) e Coque simples trançado (páginas 124-125)

Acima: penteado, fotografia e modelo por Kayley Heeringa.
Abaixo à esquerda: penteado de Ceci Meyer/Tribe Hair Studio, fotografia de Brittany Lauren.
Abaixo à direita: penteado, fotografia e modelo por Christina Butcher.

COMO FAZER O PENTEADO

VOCÊ VAI PRECISAR DE:

- Escova
- Enchimento em forma de rosquinha (opcional – para coque rosquinha)
- Grampos
- Clipes

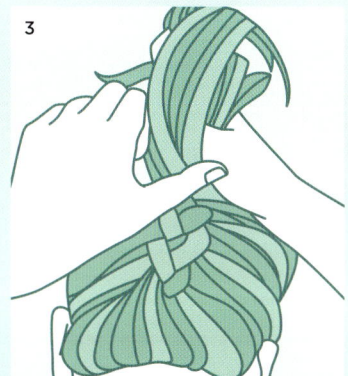

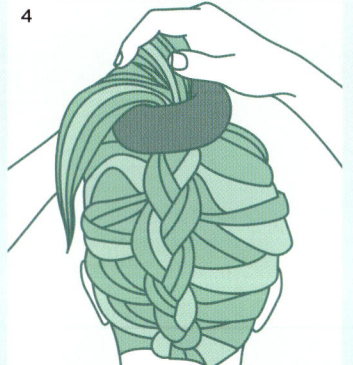

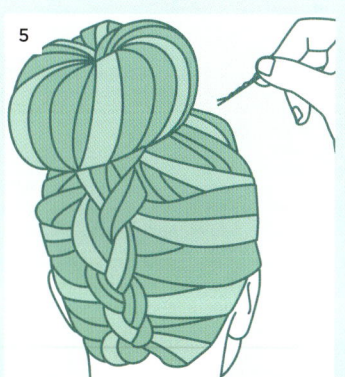

1. Escove o cabelo e separe com um clipe a parte de cima do cabelo.
2. Coloque a cabeça para baixo, de modo a fazer uma trança na base do pescoço. Pegue uma mecha distante 3 cm da linha da nuca, divida em três partes e comece a fazer uma trança holandesa (ver páginas 44-45).
3. Ainda com a cabeça baixa continue trançando numa linha reta e para cima, na direção do topo da cabeça.
4. Quando atingir o topo da cabeça, solte a mecha de cabelo e misture-a com a trança fazendo um rabo de cavalo alto. Se estiver usando o enchimento em forma de rosquinha, coloque-a na base do rabo de cavalo.
5. Faça um coque rosquinha (ver páginas 118-119). Se o seu cabelo é comprido, simplesmente torça ao redor do coque e prenda no lugar com a ajuda de grampos.

DICA IMPORTANTE

Quando a trança chegar ao topo da cabeça, finalize com uma trança básica para que o penteado fique no lugar e seja mais fácil misturar com o restante do cabelo.

COQUE LATERAL DESALINHADO
O LOOK

Adote o visual chique desalinhado e divirta-se com o formato desse coque lateral naturalmente bagunçado. Se quiser um visual mais disciplinado, faça um coque baixo ou sob a orelha porque este penteado passa uma sensação de despojamento – o tipo de cabelo ótimo para sair com os amigos ou até mesmo para receber visitas em casa. O mais importante é não esquecer que existe uma enorme diferença entre desalinhado e desarrumado. O segredo para acertar na mão está nos primeiros passos da montagem do coque.

NÍVEL DE DIFICULDADE
Médio

COMPRIMENTO IDEAL DO CABELO
Médio a longo

PRECISA DE APLIQUE?
Não, mas pode ser usado para acrescentar volume.

PRECISA DE AJUDA?
Não

ACESSÓRIOS
Esse penteado simples muda totalmente quando algum acessório entra em cena. Crie novos looks com flores, presilhas com pedrinhas ou lenços.

DICA
Deixe a franja ou as mechas em camadas soltas para um visual ainda mais romântico. Uma opção é misturar a franja ao coque para criar uma franja baixa, cerrada e sedutora que encontra o coque atrás da orelha.

▶ **VEJA TAMBÉM**
Rabo de cavalo despojado (páginas 32-33) e Coque alto desalinhado (páginas 122-123)

Acima: penteado, fotografia e modelo por Emily M. Meyers/The Freckled Fox.
Abaixo à esquerda: penteado, fotografia e modelo por Alison Titus.
Abaixo à direita: penteado, fotografia e modelo por Lana Red Studio.

COQUES, NÓS E TORCIDINHOS

COMO FAZER O PENTEADO

VOCÊ VAI PRECISAR DE:

- Modelador de cachos largo
- Escova redonda (opcional)
- Pente
- Grampos
- Spray fixador

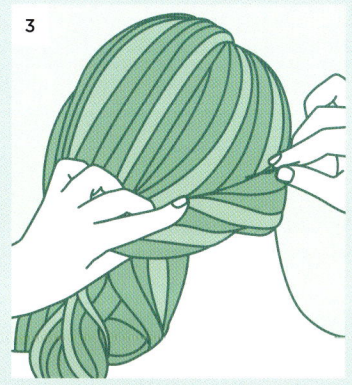

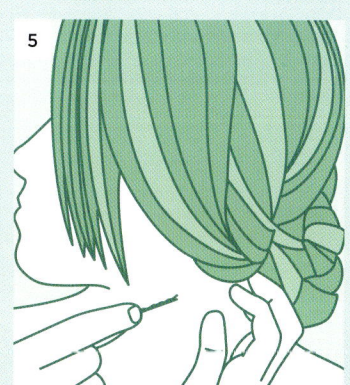

1. Esse penteado fica melhor no cabelo ondulado e com textura, portanto use o modelador de cachos para cachear seu cabelo da altura da orelha para baixo. Abra os cachos com os dedos ou dê uma escovada suave com uma escova de cerdas.
2. Usando um pente, desfie o cabelo ligeiramente no alto da cabeça para criar volume e altura a seu cabelo.
3. Torça o cabelo a partir do lado direito da cabeça para fazer um rabo de cavalo baixo no lado esquerdo. Prenda o torcido no lugar com a ajuda de grampos.
4. Separe o restante do cabelo, faça o torcido e prenda no alto ao redor do coque desalinhado. Você pode fazer um coque grande ou diversos coques menores.
5. Torça e prenda no coque qualquer camada solta da parte da frente e dê uma borrifada de spray para manter o penteado no lugar.

DICA IMPORTANTE

Lembre-se de manter esse penteado com ar desalinhado. Se estiver com dificuldade de transformar seu rabo de cavalo em coque, prenda-o com um elástico primeiro. Se desfiar o cabelo ainda não estiver criando volume suficiente, experimente usar um aplique ou um enchimento em forma de rosquinha - esses recursos certamente trarão mais volume, além de serem baratos e fáceis de usar.

COQUE DUPLO
O LOOK

Se um coque já é divertido, dois coques são uma festa, certo? Esse penteado é perfeito para quem precisa de volume, pois ele causa impressão de que você tem muito cabelo. Além disso, o coque duplo ajuda a manter os fios controlados. É um look elaborado e de certa forma inusitado que se adequa bem tanto ao ambiente de trabalho quanto a um jantar mais formal. Ele suaviza o rosto ao deixar a franja solta.

NÍVEL DE DIFICULDADE
Fácil

COMPRIMENTO IDEAL DO CABELO
Médio a longo

PRECISA DE APLIQUE?
Não

PRECISA DE AJUDA?
Não

ACESSÓRIOS
Um palito de cabelo atravessando os dois coques deixa esse estilo ainda mais diferente, e uma presilha bonita na lateral da cabeça também pode acrescentar um charme.

DICA
Para incrementar, faça os coques bem próximos um do outro ou na diagonal. Você também pode fazer outros tipos de coque, tais como o coque baixo e o "torce e prende".

VEJA TAMBÉM
Minicoques (páginas 166-167) e Coque triplo torcido (páginas 168-169)

Acima: penteado de Christina Butcher, fotografia de Xiaohan Shen, modelo Omelia Joaquim.
Abaixo: penteado e fotografia de Christina Butcher, modelo Arisa Nobuko.

COQUES, NÓS E TORCIDINHOS

COMO FAZER O PENTEADO

VOCÊ VAI PRECISAR DE:

- Escova
- Grampos

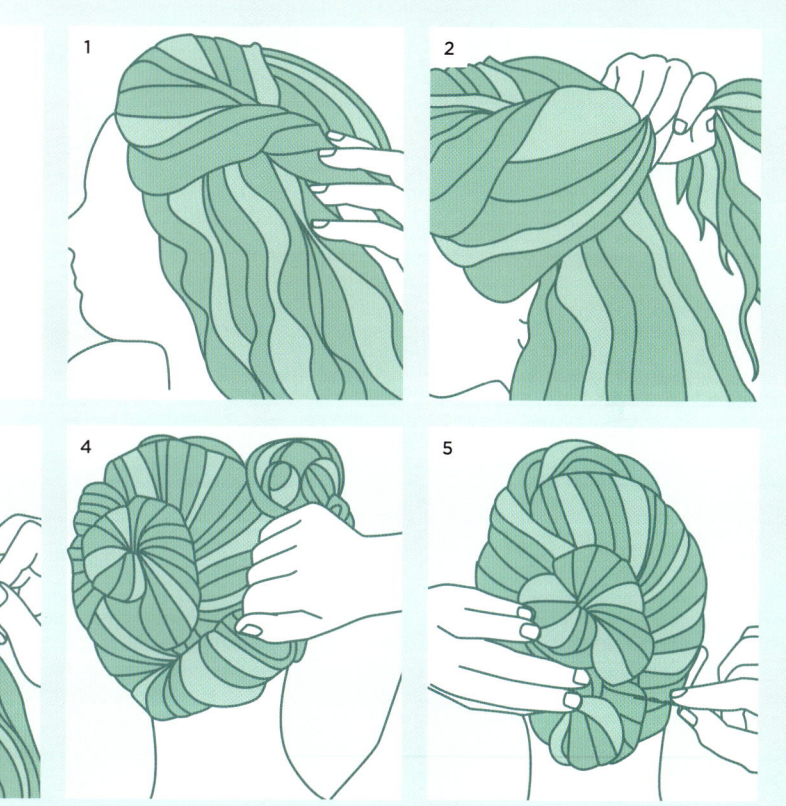

1. Comece escovando o cabelo e prendendo a franja ou as camadas mais curtas na frente num torcidinho na parte de trás da cabeça.
2. Junte essa mecha torcida ao cabelo do alto da cabeça (acima da linha da orelha).
3. Faça um coque na parte de trás da cabeça com essa parte do cabelo. Prenda com a ajuda de grampos.
4. Pegue o restante de cabelo e faça um segundo coque logo abaixo do primeiro.
5. Prenda o segundo coque e use alguns grampos mais longos para conectar os coques e prendê-los juntos.

DICA IMPORTANTE

Ao prender os dois coques juntos você não só vai manter um visual impecável, como também vai dar estrutura e força a eles. Prenda pelo meio do coque mais alto e por baixo do outro, ou prenda pelas laterais e diagonalmente.

COQUE "TORCE E PRENDE"
O LOOK

A beleza do coque "torce e prende" é que ele parece muito complicado e intrincado, mas na realidade é um penteado simples, fácil e rápido de fazer. Como se trata de um estilo diferente, você pode usá-lo em qualquer situação. Outro truque de modelagem que economiza seu tempo é que este coque fica ainda melhor quando o cabelo está sujo, pois o cabelo pesado segura melhor os torcidinhos.

NÍVEL DE DIFICULDADE
Fácil

COMPRIMENTO IDEAL DO CABELO
Médio a longo

PRECISA DE APLIQUE?
Não

PRECISA DE AJUDA?
Não

ACESSÓRIOS
Como esse penteado é muito elaborado, não é preciso acrescentar nenhum enfeite. No entanto, se quiser dar uma iluminada na cor, pode tentar fazer balaiagem, que deixa o cabelo com reflexos interessantes.

DICA
Se o seu cabelo é grosso, experimente fazer o coque duplo (ver páginas 140-141) apenas torcendo as mechas. Se é comprido, faça torcidinhos menores, pois isso facilita a fixação com o grampo, mas se os fios estão curtos, não precisa torcer demais – basta que a mecha consiga cobrir o elástico.

VEJA TAMBÉM
Rabo de cavalo torcido (páginas 28-29) e Coque assimétrico (páginas 162-163).

Acima: penteado de Christina Butcher, fotografia de Xiaohan Shen, modelo Olivia English.
Abaixo: penteado de Christina Butcher, fotografia de Xiaohan Shen, modelo Abgail Schiavelo.

COQUES, NÓS E TORCIDINHOS

COMO FAZER O PENTEADO

VOCÊ VAI PRECISAR DE:

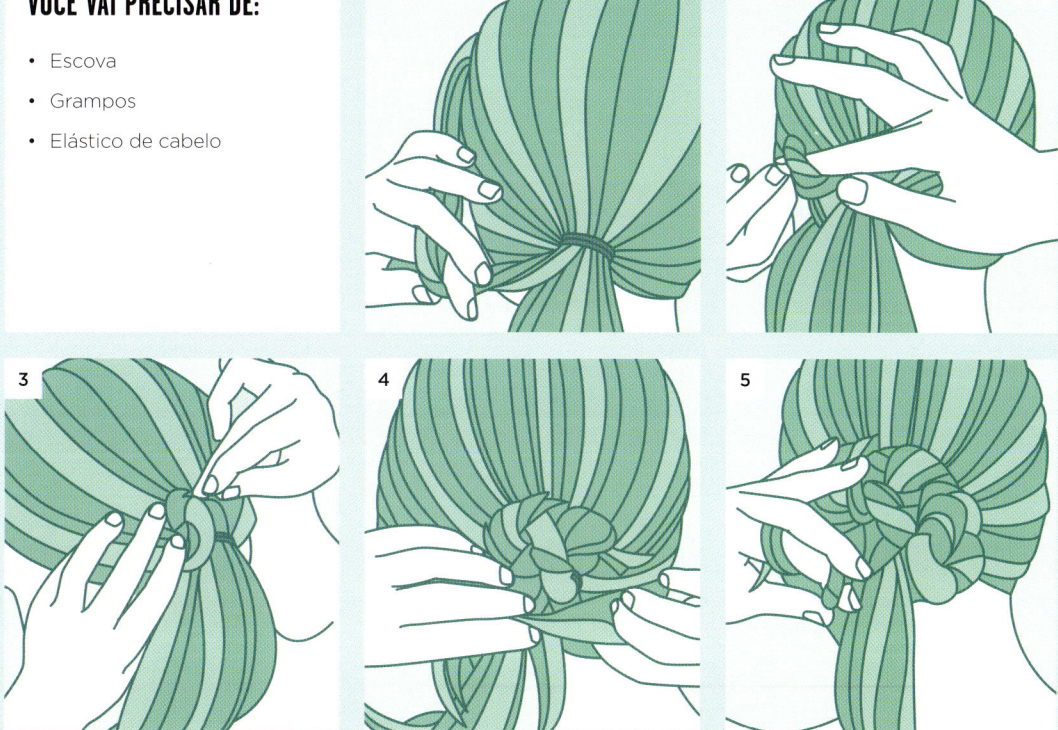

- Escova
- Grampos
- Elástico de cabelo

1. Reparta o cabelo de lado ou deixe a divisão natural. Escove com suavidade o cabelo para trás e prenda num rabo de cavalo com um elástico.
2. Tenha alguns grampos à mão para começar a torcer pequenas mechas do rabo de cavalo.
3. Continue torcendo as mechas até que elas virem pequenas espirais. Deixe que essas espirais se enrolem sobre elas mesmas e continue torcendo até virarem pequenos nós na base do rabo de cavalo, e então prenda tudo com a ajuda de grampos.
4. Continue no restante do rabo de cavalo, certificando-se de que o elástico ficará escondido.
5. Por último, deixe uma mecha no meio do rabo de cavalo. Torça e prenda no meio do rabo de cavalo para que ela fique em cima das outras mechas.

DICA IMPORTANTE

Faça seus torcidinhos ao redor do rabo de cavalo; isso vai garantir que as mechas tenham o mesmo tamanho. Torça o cabelo em torno do dedo indicador como um parafuso. Essa é a maneira mais rápida e fácil de fazer esse penteado. Cruze os grampos para reforçar a fixação.

COQUE BAIXO
O LOOK

O capricho é a essência do coque baixo. Apesar de não ser um coque muito difícil, manter o restante do cabelo e o penteado impecáveis, com o mínimo de fios arrepiados possível, pode ser um desafio. O coque baixo é um penteado simples, porém elegante, e passa um ar de total profissionalismo.

NÍVEL DE DIFICULDADE
Fácil a médio

COMPRIMENTO IDEAL DO CABELO
Médio a longo

PRECISA DE APLIQUE?
Não

PRECISA DE AJUDA?
Não

ACESSÓRIOS
Menos é mais nesse penteado que não precisa de enfeites. O que pode fazer diferença é o produto de finalização: passe um sérum para deixar o cabelo com brilho e use o spray fixador para disciplinar os fios.

DICA
Esse estilo é caracterizado pelo coque no pé da nuca, mas você pode experimentar um visual assimétrico posicionado o coque na lateral da cabeça, atrás da orelha.

VEJA TAMBÉM
Rabo de cavalo baixo (páginas 24-25) e Coque leque (páginas 154-155)

Acima: penteado de Christina Butcher, fotografia de Xiaohan Shen, modelo Tash Williams.
Abaixo à esquerda: penteado e fotografia de Christina Butcher, modelo Adeline Er.
Abaixo à direita: penteado e fotografia de Christina Butcher, modelo Ashleigh Forster.

COQUES, NÓS E TORCIDINHOS

COMO FAZER O PENTEADO

VOCÊ VAI PRECISAR DE:

- Escova de cerdas
- Pente
- Grampos
- Elástico de cabelo
- Spray fixador
- Sérum

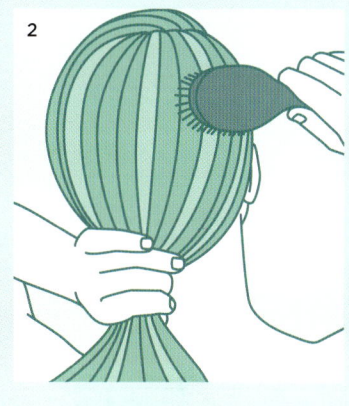

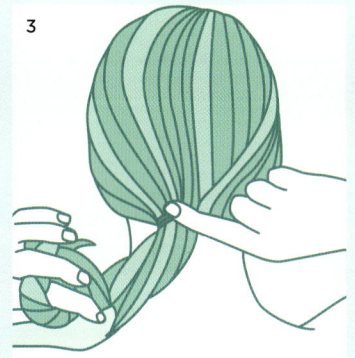

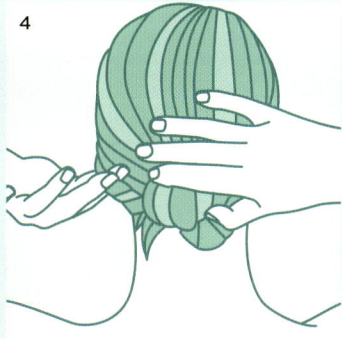

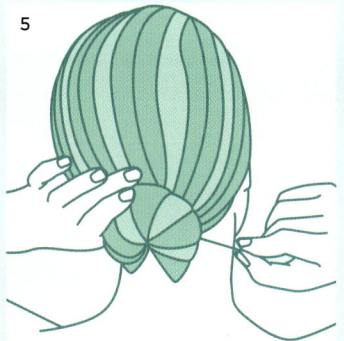

1. Use o cabo do pente para repartir o cabelo de lado. Você pode escolher o lado de acordo com seu repartido natural.
2. Escove o cabelo para trás num rabo de cavalo baixo usando a escova de cerdas e prenda com um elástico.
3. Aplique o sérum para deixar o rabo de cavalo macio. Passe o produto nos fios e comece a torcer as mechas na direção descendente.
4. Continue torcendo e girando o cabelo em volta da base do rabo de cavalo e faça um coque firme e macio.
5. Prenda o coque baixo no lugar prendendo as laterais com grampos e finalize com uma borrifada de spray para abaixar os fios soltos.

DICA IMPORTANTE

Borrife o spray na escova e penteie o cabelo para trás com suavidade para domar até mesmo os arrepiados mais finos. Use uma escova de cerdas finas, pois ela dá um acabamento impecável e não deixa o cabelo marcado. Esse truque segura o cabelo no lugar sem deixar a impressão de capacete que o fixador dá quando aplicado diretamente.

COQUE CASCATA
O LOOK

A trança cascata é um dos penteados mais cativantes. Quando finalizada num coque lateral simples, esta trança se transforma numa pequena obra de arte. Suas mechas descem em cascata e se mesclam ao coque, criando um efeito romântico e chique que fica fantástico para casamentos ou outros eventos formais.

NÍVEL DE DIFICULDADE
Difícil

COMPRIMENTO IDEAL DO CABELO
Médio

PRECISA DE APLIQUE?
Não

PRECISA DE AJUDA?
Sim, mas com a prática é possível fazer sozinha.

ACESSÓRIOS
Crie um foco de atração para os olhares no coque lateral com uma presilha de flor ou com seu grampo com pedrinhas preferido.

DICA
O cabelo longo permite que você faça uma trança no rabo de cavalo e a enrole para formar um coque trançado. Esse visual também funciona bem no cabelo curto, no qual vale fazer um rabo de cavalo ou enrolar as pontas para fazer um pequeno coque.

VEJA TAMBÉM
Trança cascata (páginas 102-103) e Trança cascata torcida (páginas 110-111)

Acima: penteado, fotografia e modelo por Christina Butcher.

COQUES, NÓS E TORCIDINHOS

COMO FAZER O PENTEADO

VOCÊ VAI PRECISAR DE:

- Escova
- Pente
- Grampos
- Elástico de cabelo

1. Escove o cabelo e reparta na lateral. Comece no lado direito, separe uma mecha de 3 cm e divida em três partes iguais.
2. Comece a fazer a trança cascata (ver páginas 102-103).
3. Quando atingir a parte baixa do lado esquerdo, prenda o cabelo com um elástico num rabo de cavalo, mas deixe as mechas em cascatas soltas.
4. Recolha as mechas em cascata e prenda-as num rabo de cavalo.
5. Se o seu cabelo tem camadas mais curtas nas mechas em cascata da frente, use grampos para prendê-las no lugar. Desfie levemente o rabo de cavalo e faça um coque desalinhado.

DICA IMPORTANTE

Faça uma trança diagonal, começando do lado direito da cabeça, no alto, até a base do lado esquerdo. Você pode "abrir" as laterais da trança cascata para que ela se alinhe mais na diagonal. Esse penteado fica ótimo com mechas mais largas, como mostra a ilustração, ou então com uma trança cascata bem fina cruzando a cabeça.

COQUE ESPIRALADO
O LOOK

Inspirado na agulha modeladora, esse penteado cria uma intrincada confusão de espirais e torções num coque baixo ou mesmo na linha do pescoço. O processo de espiralar o cabelo repetidas vezes cria a sensação de que o coque é feito a partir de muitos coques juntos. O visual pode ser disciplinado ou desalinhado, conforme você quiser.

NÍVEL DE DIFICULDADE
Médio

COMPRIMENTO IDEAL DO CABELO
Longo

PRECISA DE APLIQUE?
Sim, para cabelos finos ou curtos.

PRECISA DE AJUDA?
Não

ACESSÓRIOS
Você pode colocar uma presilha ou flor no alto do coque espiralado. Além de enfeitar, o acessório pode ajudar a disfarçar a parte de cima do coque.

DICA
Para um resultado diferente, experimente puxar a ponta do rabo de cavalo através do espaço criado entre as mechas espiraladas, em vez de direcioná-la para cima. É um pouco mais difícil, mas provoca um efeito interessante.

VEJA TAMBÉM
Rabo de cavalo com as pontas dobradas (páginas 22-23) e Coque "torce e prende" (páginas 142-143)

Acima: penteado e fotografia de Christina Butcher, modelo Patricia Almario.
Abaixo à esquerda: penteado de Christina Butcher, fotografia de Xiaohan Shen, modelo Tash Williams.
Abaixo à direita: penteado de Christina Butcher, fotografia de Xiaohan Shen, modelo Monica Bowerman.

COQUES, NÓS E TORCIDINHOS

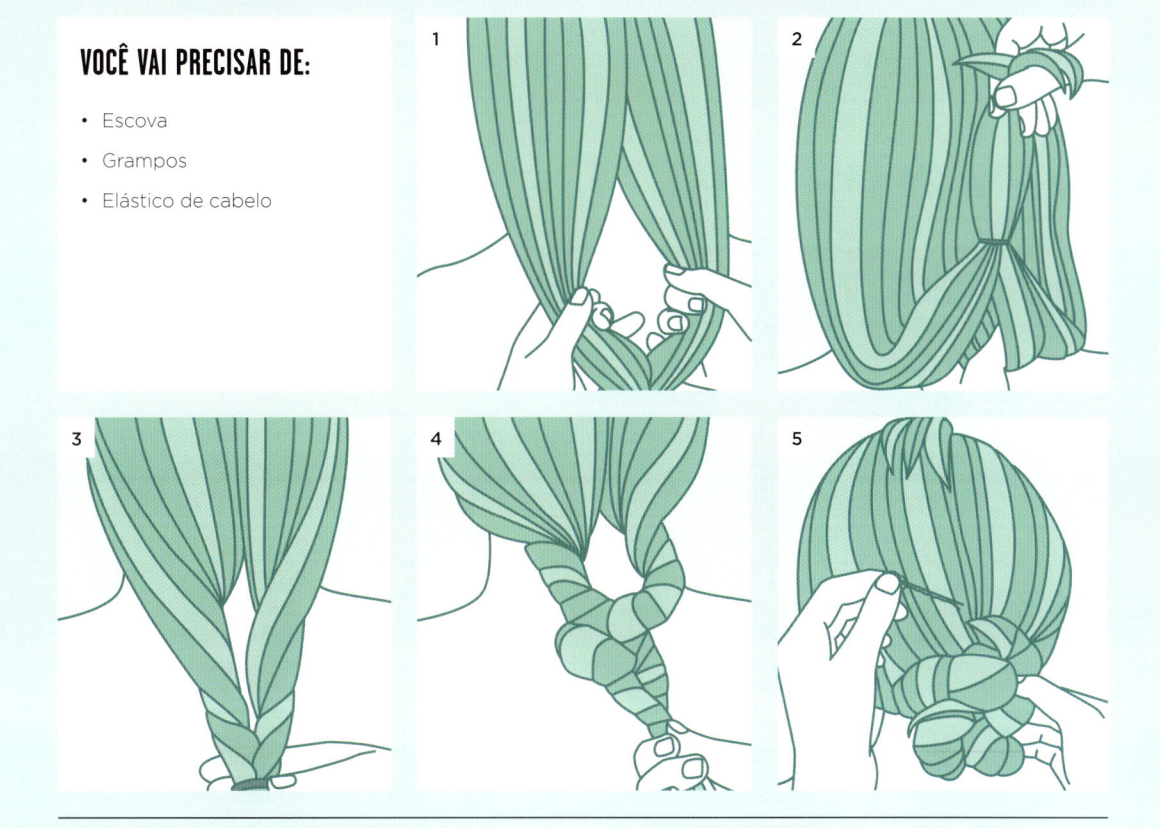

COMO FAZER O PENTEADO

VOCÊ VAI PRECISAR DE:

- Escova
- Grampos
- Elástico de cabelo

1. Escove o cabelo para trás e faça um rabo de cavalo baixo e prenda com um elástico. Deslize o elástico para baixo no rabo de cavalo, deixando de 6 a 9 cm de cabelo na ponta.
2. Divida o cabelo no meio acima do elástico e vire o cabelo para cima e através do buraco acima do rabo de cavalo.
3. Repita o passo 2. Você vai começar a perceber que o cabelo está ficando espiralado e torcido.
4. Continue virando o cabelo para cima até que ele fique bem espiralado e torcido e assuma o formato de um coque.
5. Esconda as pontas do rabo de cavalo embaixo das mechas espiraladas e prenda o coque com a ajuda de grampos.

DICA IMPORTANTE

Certifique-se de que o elástico que você está usando aguenta segurar o rabo de cavalo enquanto você espirala e torce o cabelo. Se ele não aguentar, o cabelo vai se soltar e você vai perder a textura de que precisa para fazer o coque.

COQUE COM LAÇO
O LOOK

Lady Gaga adora esse penteado, o que não é nenhuma surpresa, já que ele é sem dúvida um trabalho artístico. Transformar o cabelo em algo que você usa para enfeitar cria um visual curioso que não apenas chama atenção como fica muito bonito. Esse visual divertido é perfeito para aqueles dias em que você está se sentindo criativa e dada a extravagâncias.

NÍVEL DE DIFICULDADE
Médio

COMPRIMENTO IDEAL DO CABELO
Longo

PRECISA DE APLIQUE?
Não

PRECISA DE AJUDA?
Não

ACESSÓRIOS
Esse penteado não precisa de acessórios, mas se você escolher uma roupa de bolinhas vai ficar com o look completo da Minnie.

DICA
Faça um coque baixo com metade do cabelo para dar mais textura e uma aparência relaxada, ou faça o coque na base da nuca para um visual mais elegante.

▶ **VEJA TAMBÉM**
Trança com laços (páginas 56-57) e Coque meio preso com laço (páginas 152-153)

Acima: penteado, fotografia e modelo por Abby Smith/Twist Me Pretty.
Abaixo à esquerda: penteado, fotografia e modelo por Ana Santi.
Abaixo à direita: penteado, fotografia e modelo por Jemma Grace.

COMO FAZER O PENTEADO

VOCÊ VAI PRECISAR DE:

- Escova
- Grampos
- Elástico reforçado
- Spray fixador (opcional)

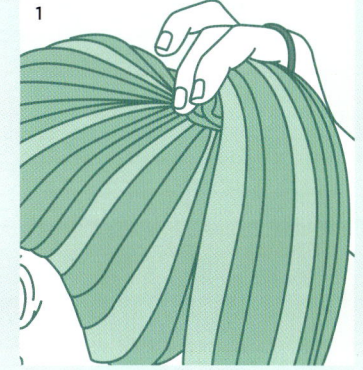

1. Escove o cabelo e faça um rabo de cavalo alto. Use um elástico reforçado para segurar o cabelo.
2. Puxe o cabelo apenas parcialmente na última volta do elástico, criando uma alça no rabo de cavalo.
3. Divida a alça em duas e "abra" cada uma das mechas. Isso vai dar forma às laterais do laçarote.
4. Use o cabo do pente para fazer o meio do laçarote. Enrole e cubra a parte central do laçarote com a sobra do cabelo e use grampos para prendê-la atrás e na frente. Ajuste os lados do laçarote para que fiquem uniformes e use grampos para prendê-los no lugar. Uma borrifada de spray vai domar os fios arrepiados e fixar o penteado.

DICA IMPORTANTE

Use um grampo de cada lado da ponta que vira o meio do laçarote para mantê-lo no lugar. Se o seu cabelo é comprido, você pode esconder as pontas embaixo das alças do laçarote.

COQUE MEIO PRESO COM LAÇO
O LOOK

Romântico e feminino, o coque meio preso com laço usa pequenas mechas de cabelo para fazer um laço de verdade. Esse penteado singelo (que é surpreendentemente durável e consistente) combina com tardes preguiçosas de domingo, piqueniques com os amigos ou mesmo com festas informais.

NÍVEL DE DIFICULDADE
Fácil

COMPRIMENTO IDEAL DO CABELO
Longo

PRECISA DE APLIQUE?
Não

PRECISA DE AJUDA?
Não

ACESSÓRIOS
O laço de cabelo é o acessório deste penteado, portanto, nenhum outro enfeito é necessário. Se você quiser um detalhe extra, pode prender algumas fitas finas a partir do elástico que mantém o laço no lugar e entrelaçá-las nas alças do laço.

DICA
Uma sugestão é repetir este penteado abaixo do laço original, de modo a criar vários laços.

VEJA TAMBÉM
Trança meio presa em formato de coração (páginas 96-97) e Coque com laço (páginas 150-151)

Acima: penteado, fotografia e modelo por Mindy McKnight.
Abaixo: penteado e fotografia de Christina Butcher, modelo Carolyn Mach.

COQUES, NÓS E TORCIDINHOS

COMO FAZER O PENTEADO

VOCÊ VAI PRECISAR DE:

- Escova
- Spray fixador (opcional)
- Grampos
- Elástico transparente pequeno

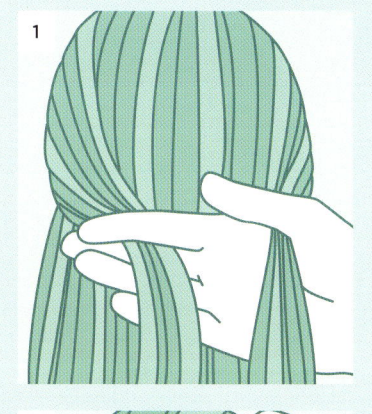

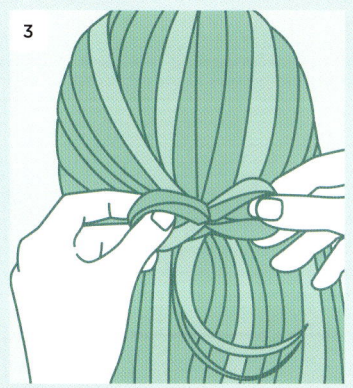

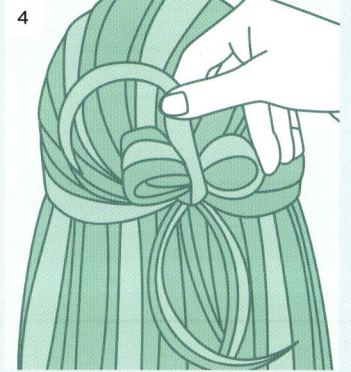

1. Escove o cabelo e separe duas mechas, ambas com 3 cm de largura, uma de cada lado da cabeça. Junte as duas mechas atrás e prenda com um elástico transparente pequeno.
2. Dê uma segunda volta no elástico, mas puxe apenas metade do cabelo de modo a formar uma alça.
3. Divida a alça em duas e separe as duas mechas para criar as laterais do laço.
4. Separe uma pequena mecha de cabelo da parte solta abaixo do laço e enrole para cima de modo a formar a parte do meio do laço.
5. Prenda o laço no lugar com grampos.

DICA IMPORTANTE

Coloque o grampo no sentido horizontal no meio do laço e prenda-o no cabelo debaixo, e prenda também as alças do laço nas laterais. Isso faz com que o penteado fique firme e ao mesmo tempo esconde os grampos. Para uma fixação mais forte, dê uma borrifada de spray.

COQUE LEQUE
O LOOK

Esse coque elegante, apesar de contido, é perfeito para ocasiões formais. Trata-se de um penteado clássico, embora o volume que ele proporciona dê a esse estilo uma certa ousadia. O coque leque é feito para ficar assentado na parte de trás da cabeça, mas também pode ser usado no alto para causar mais impacto.

NÍVEL DE DIFICULDADE
Médio

COMPRIMENTO IDEAL DO CABELO
Médio a longo

PRECISA DE APLIQUE?
Não

PRECISA DE AJUDA?
Não

ACESSÓRIOS
Como esse coque tem uma superfície grande e lisa, você tem bastante espaço para brincar. Experimente colocar flores ou presilha decoradas com pedrinhas. Ideal para noivas, ele oferece a posição ideal para prender o véu.

DICA
Dependendo de quanto você desfiar o cabelo, seu coque ficará mais ou menos cheio. Um coque mais volumoso é ideal para um casamento e mais simples de enfeitar. Já um coque mais apertado torna o penteado mais versátil para o dia a dia, inclusive para o ambiente profissional.

▸ **VEJA TAMBÉM**
Trança pretzel (páginas 112-113) e Coque Gibson (páginas 128-129)

Acima: penteado, fotografia e modelo por Kayley Heeringa.
Abaixo: penteado, fotografia e modelo por Abby Smith/Twist Me Pretty.

COQUES, NÓS E TORCIDINHOS

COMO FAZER O PENTEADO

VOCÊ VAI PRECISAR DE:

- Escova
- Pente
- Grampos
- 2 elásticos de cabelo
- Spray fixador

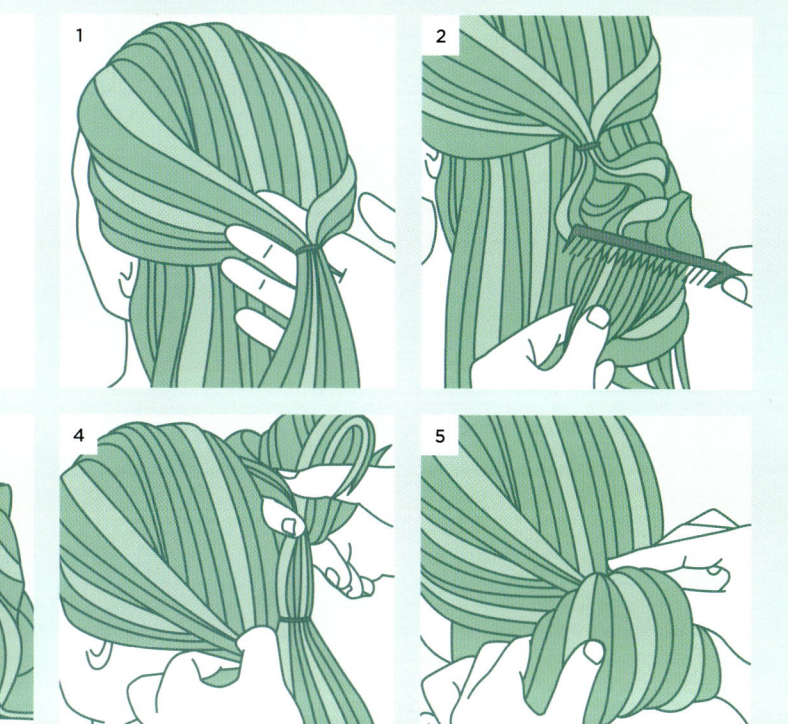

1. Escove o cabelo e faça um meio rabo de cavalo pegando uma mecha de cabelo de cada lado da cabeça. Prenda com um elástico, mas deixe um espaço no centro.
2. Desfie o rabo de cavalo para criar volume e "enchimento" para rechear o coque.
3. Prenda o restante do cabelo num rabo de cavalo e prenda com um elástico perto da ponta.
4. Traga a parte de baixo do rabo de cavalo para cima e passe pelo espaço do meio rabo de cavalo, depois enfie dentro do espaço no centro do rabo de cavalo baixo.
5. Abra o cabelo em forma de leque para fazer o coque e esconda as pontas na base. Verfique se o coque está uniforme e use grampos para prender a parte de cima e as laterais. Finalize com spray para manter o penteado no lugar.

DICA IMPORTANTE

Borrife um pouco de spray no pente antes de desfiar o rabo de cavalo para garantir que o volume fique no lugar. Use um fixador forte, de preferência fosco. Além disso, verifique a proporção do coque a partir de vários ângulos quando estiver abrindo o cabelo em forma de leque (passo 5).

COQUE BAILARINA
O LOOK

Dono de um visual disciplinado e impecável, este coque é um clássico. Ele cria um rodamoinho com o cabelo no alto da cabeça e deve se mantém firme mesmo durante a realização de uma pirueta no palco ou um dia agitado de trabalho. Se as bailarinas conseguem fazer esse coque, você sabe que ele também deixará seu cabelo com um visual elegante e durável.

NÍVEL DE DIFICULDADE
Médio

COMPRIMENTO IDEAL DO CABELO
Médio a longo

PRECISA DE APLIQUE?
Não

PRECISA DE AJUDA?
Não

ACESSÓRIOS
Um tutu? SIM! Ou...enfeite esse penteado chique e naturalmente elegante com uma fita discreta presa ao redor do coque.

DICA
O coque bailarina é usado tradicionalmente no alto da cabeça, embora também possa ser usado mais embaixo ou mesmo na base da nuca.

VEJA TAMBÉM
Rabo de cavalo escondido (páginas 16-17) e Coque com palito (páginas 132-133)

Acima: penteado, fotografia e modelo por Emily M. Meyers/The Freckled Fox.
Abaixo à esquerda: penteado, fotografia e modelo por Christina Butcher.
Abaixo à direita: penteado, fotografia e modelo por Alison Titus.

COQUES, NÓS E TORCIDINHOS

COMO FAZER O PENTEADO

VOCÊ VAI PRECISAR DE:

- Escova
- Grampos
- Elástico reforçado
- Elástico transparente
- Enchimento em forma de rosquinha
- Spray fixador (opcional)

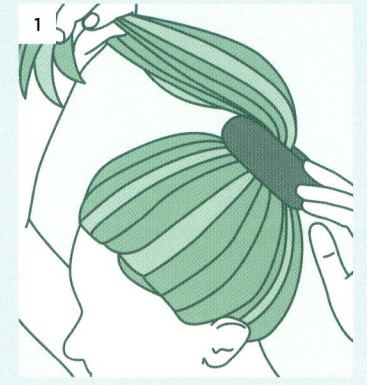

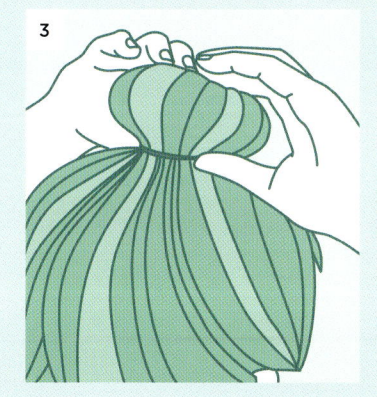

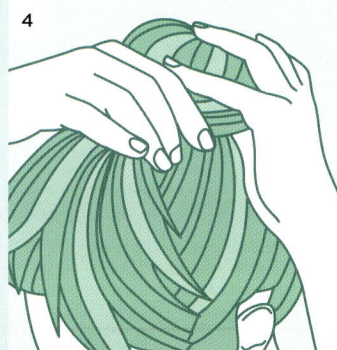

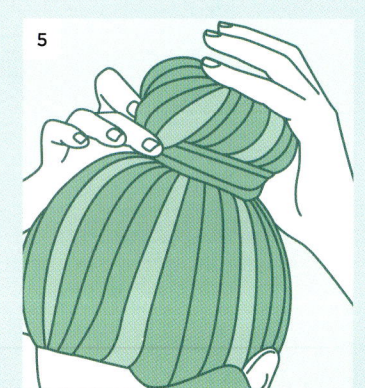

1. Penteie o cabelo num rabo de cavalo alto e apertado e prenda com um elástico reforçado. Coloque o enchimento em forma de rosquinha na base do rabo de cavalo.
2. Abra o rabo de cavalo em todas as direções de modo a cobrir a rosquinha. Ajuda bastante abaixar a cabeça e olhar para baixo. Coloque o elástico transparente ao redor da rosquinha.
3. Certifique-se de que a rosquinha está completamente coberta com o cabelo e ajuste o elástico transparente na base da rosquinha, criando um coque. Se o seu cabelo é comprido, você pode subir um pouco a rosquinha para abrir espaço embaixo para acomodar o cabelo.
4. Segure o coque no lugar com uma mão, com a outra torça o restante do cabelo ao redor da base do coque.
5. Prenda o coque bailarina no lugar com a ajuda de grampos. Uma borrifada de spray ajudará a manter o visual impecável.

DICA IMPORTANTE

Se o seu cabelo é muito liso, enrole as pontas antes de começar a fim de garantir que nenhuma mecha fique de fora. Além disso, lembre-se de escolher um enchimento em forma de rosquinha com a cor do seu cabelo.

COQUE LATERAL TRANÇADO
O LOOK

Um simples enchimento em forma de rosquinha pode facilmente ser transformada num detalhe trançado lateral. Neste penteado, a trança holandesa emoldura o rosto e se enrosca ao redor do coque criando um visual chique. O coque lateral trançado pode assumir o estilo desalinhado se a situação for informal, ou o estilo sofisticado e impecável se o evento tiver um caráter formal. Esse tipo de penteado é ideal para festas que duram a noite toda.

NÍVEL DE DIFICULDADE
Médio

COMPRIMENTO IDEAL DO CABELO
Longo

PRECISA DE APLIQUE?
Não

PRECISA DE AJUDA?
Sim, mas com a prática é possível fazer sozinha.

ACESSÓRIOS
A trança é a grande estrela deste penteado, embora uma presilha enfeitada com flores ou com pedrinhas também fique muito bem nesse coque.

DICA
Se você ainda não aprendeu a fazer a trança holandesa (ver páginas 44-45), pode fazer uma trança básica e enroscá-la ao redor do coque para obter um visual semelhante. Se o seu cabelo é comprido, não é necessário usar a rosquinha, basta torcer o cabelo e fazer um coque baixo na lateral.

VEJA TAMBÉM
Trança de sereia (páginas 62-63) e Coque espinha de peixe (páginas 160-161)

Acima: penteado e maquiagem de Amber Rose, fotografia de Autumn Wilson, modelo Laura.
Abaixo: penteado, fotografia e modelo por Christina Butcher.

COQUES, NÓS E TORCIDINHOS

COMO FAZER O PENTEADO

VOCÊ VAI PRECISAR DE:

- Escova
- Pente
- Grampos
- 2 elásticos de cabelo
- Enchimento em forma de rosquinha
- Spray fixador

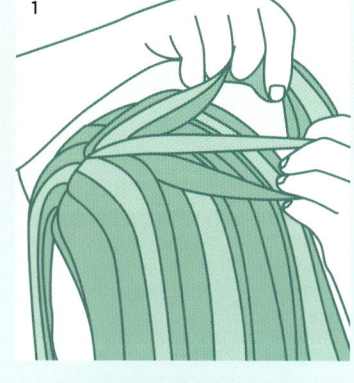

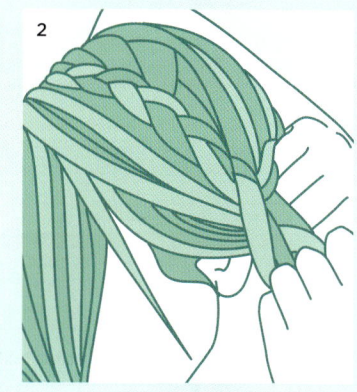

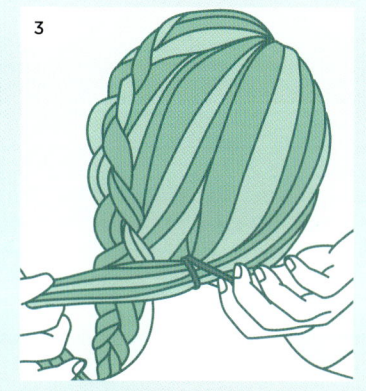

1. Comece fazendo um repartido profundo na lateral e escove o cabelo para desembaraçar. Separe uma mecha de cerca de 3 cm da parte de cima e divida-a em três partes. Esse é o início da trança holandesa.
2. Cruze a mecha direita por baixo da mecha do meio, depois a esquerda sob a direita, fazendo uma trança. Quando cruzar a mecha do meio por baixo, acrescente um pouco do cabelo.
3. Continue fazendo a trança e acrescentando cabelo apenas do lado direito. Direcione a trança para que ela acompanhe a linha do cabelo e por cima da orelha. Pare de acrescentar cabelo quando passar da orelha. Finalize a trança e prenda com um pequeno elástico transparente. Junte o restante do cabelo num rabo de cavalo lateral próximo à trança e prenda com um elástico.
4. Desfie o rabo de cavalo e coloque o enchimento em forma de rosquinha na base do rabo de cavalo para fazer um coque grande.
5. Enrosque a trança ao redor do coque e prenda no lugar. Acrescente uma borrifada de spray para finalizar o penteado.

DICA IMPORTANTE

Para fazer uma trança grande e imponente, você vai precisar "abrir" as laterais da trança para alargá-la. Se você usa franja, pode deixar solta ou incorporá-la à trança. Se deixá-la solta e depois mudar de ideia, pode prendê-la facilmente embaixo da trança.

COQUE ESPINHA DE PEIXE
O LOOK

Essa é uma releitura interessante da trança espinha de peixe. Também conhecida como trança concha, a trança espinha de peixe em curva lembra o formato de uma concha e é um penteado lindo para usar tanto de dia quanto à noite. Ela é complicada de fazer – na realidade, é um dos looks mais difíceis deste livro. Mas o resultado é fantástico e vale a pena se dedicar a aprendê-la.

NÍVEL DE DIFICULDADE
Difícil

COMPRIMENTO IDEAL DO CABELO
Médio a longo

PRECISA DE APLIQUE?
Não

PRECISA DE AJUDA?
Sim

ACESSÓRIOS
Grampos decorados ou presilhas com pedrinhas certamente trarão um brilho extra ao penteado.

DICA
Se você tem cabelo comprido, pode parar no passo 5 e deixar o cabelo numa trança lateral espinha de peixe. Uma versão simplificada é fazer uma trança básica e torcê-la para fazer um coque, ou complicar um pouquinho fazendo uma trança mais apertada e acrescentando outra volta de trança para criar um S na parte de trás da cabeça.

VEJA TAMBÉM
Trança espinha de peixe embutida (páginas 92-93) e Coque trançado espinha de peixe (páginas 120-121)

Acima: penteado e fotografia de Christina Butcher, modelo Elly Hanson.
Abaixo à esquerda: penteado, fotografia e modelo por Christina Butcher.
Abaixo à direita: penteado de Christina Butcher, fotografia de Xiaohan Shen, modelo Deauvanné.

COMO FAZER O PENTEADO

VOCÊ VAI PRECISAR DE:

- Escova
- Grampos
- Elástico transparente
- Spray fixador (opcional)

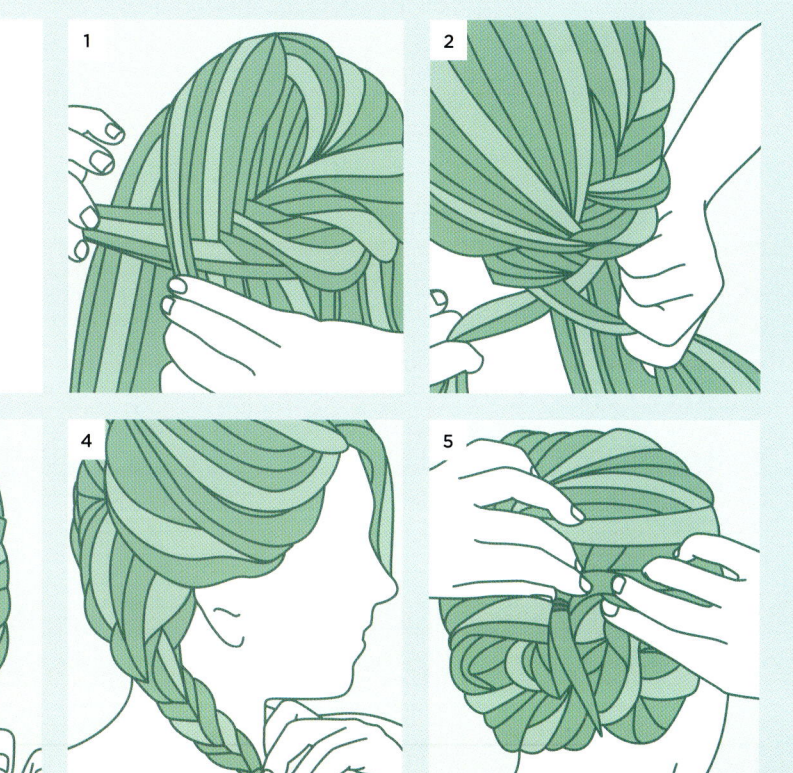

1. Escove o cabelo para trás para desembaraçar os fios e depois faça um pequeno repartido na lateral direita da cabeça. Separe uma mecha de cabelo para começar a trança.
2. Faça uma trança espinha de peixe embutida a partir do alto da cabeça, no lado direito, até o lado esquerdo embaixo. A trança espinha de peixe usa a mesma técnica que a espinha de peixe normal, só que com o acréscimo de mechas dos dois lados da trança. Pra fazer isso, separe uma pequena mecha do lado esquerdo e cruze-o sobre a sua mão direita, então separe uma pequena mecha do lado direito e cruze-a sobre a mão esquerda. Repita essa operação à medida que for trançando e descendo na diagonal.
3. Quando a trança chegar atrás da orelha esquerda, comece a curvá-la de modo a acompanhar a linha baixa do cabelo.
4. Quando chegar à parte baixa do lado direito da cabeça, continue fazendo uma trança lateral normal até trançar todo o cabelo, e prenda a ponta com um elástico transparente.
5. Torça a trança e faça uma espiral para montar o coque. Prenda com a ajuda de grampos e dê uma borrifada de spray para maior fixação.

DICA IMPORTANTE

Esse penteado fica melhor em cabelo comprido com o fio reto, sem camadas. Se você mantiver cada mecha adicionada à trança num formato pequeno e padronizado, isso destacará o desenho de concha. Veja as dicas para aprender a fazer a trança espinha de peixe embutida (páginas 92-93).

COQUE ASSIMÉTRICO
O LOOK

Esse coque usa uma técnica parecida com a do coque "torce e prende" para criar um estilo divertido e criativo. A diferença entre os dois é que este incorpora mais mechas de cabelo ao penteado, além de ser assimétrico, o que dá um toque de glamour extra ao visual e um ar moderno que tem tudo a ver com uma festa, um compromisso formal ou até mesmo no dia a dia do trabalho.

NÍVEL DE DIFICULDADE
Médio

COMPRIMENTO IDEAL DO CABELO
Médio a longo

PRECISA DE APLIQUE?
Não

PRECISA DE AJUDA?
Não

ACESSÓRIOS
Prenda flores naturais ou artificiais de seda ao coque para realçar a beleza desse inusitado e requintado penteado. Ele também pode ser usado com chapéu, pois é possível adaptar o tamanho do coque.

DICA
Esse estilo pode ter infinitas variações. No cabelo comprido, é possível fazer diversos torcidinhos de modo a criar múltiplos coques menores. Para cabelo curto, você pode torcer e enrolar as mechas e criar um coque desalinhado. Se você acha que seu cabelo está curto demais, saiba que é possível prender mechas com apenas 6 cm.

▶ **VEJA TAMBÉM**
Rabo de cavalo lateral (páginas 18-19) e Coque "torce e prende" (páginas 142-143)

Acima: penteado de Erin Skipley, fotografia de Elizabeth Messina, modelo Faye.
Abaixo à esquerda: penteado, fotografia e modelo por Christina Butcher.
Abaixo à direita: penteado de Christina Butcher, fotografia de Xiaohan Shen, modelo Dorothy Jean Joly.

COQUES, NÓS E TORCIDINHOS

COMO FAZER O PENTEADO

VOCÊ VAI PRECISAR DE:

- Escova
- Grampos

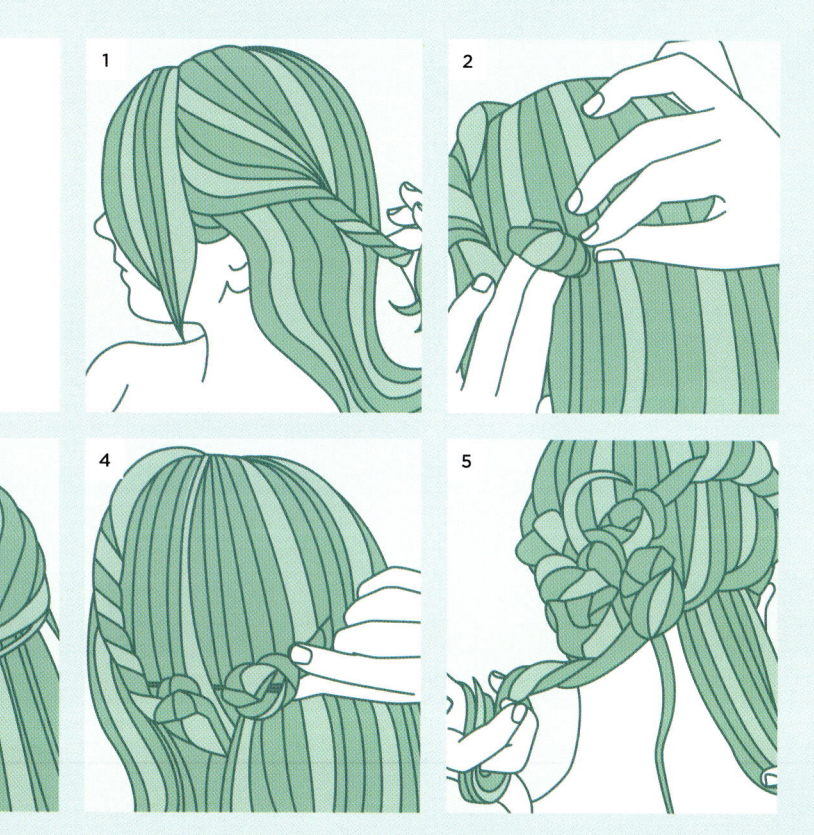

1. Comece torcendo uma pequena mecha do lado esquerdo, no alto da cabeça.
2. Enrole a mecha com firmeza no dedo indicador e depois enrole ao redor do dedo indicador da outra mão para criar um pequeno nó na lateral da cabeça. Prenda o nó com um grampo.
3. Em seguida, torça e prenda uma pequena mecha do lado direito da lateral da cabeça e faça um nó torcidinho próximo da primeira mecha.
4. Prenda os nós juntos para criar a parte de cima do desenho assimétrico.
5. Continue separando pequenas mechas de cabelo, torcendo ao redor do dedo indicador e depois enrolando ao redor do dedo indicador da outra mão e prendendo. Repita essa operação até que todo o cabelo esteja preso.

DICA IMPORTANTE

Esse penteado fica ótimo quando você sobrepõe mechas. Coloque os grampos de modo que eles prendam mais de um nó para que o penteado fique bem preso no lugar. Você pode inclusive cruzar os grampos um sobre o outro para uma maior fixação.

COQUE CORDA
O LOOK

Este penteado proporciona um volume incrível ao look e dá a impressão de ser mais complicado do que realmente é. Criar uma trança corda no cabelo e depois torcê-la num coque automaticamente entrelaça e sobrepõe seu cabelo. O resultado é bonito e elaborado, um visual perfeito para casamentos ou compromissos nos quais o glamour discreto é valorizado.

NÍVEL DE DIFICULDADE
Médio

COMPRIMENTO IDEAL DO CABELO
Longo

PRECISA DE APLIQUE?
Não, mas um aplique de rabo de cavalo pode ser usado para acrescentar volume.

PRECISA DE AJUDA?
Não

ACESSÓRIOS
Você pode colocar flores, pedrinhas ou até mesmo fitas no alto e nas laterais do coque para dar uma bossa extra, ou para combinar com sua bolsa ou sapato preferido.

DICA
Esta técnica fica ótima quando combinada com o coque simples (ver páginas 116-117).

VEJA TAMBÉM
Trança corda (páginas 94-95) e Coque trançado espinha de peixe (páginas 120-121)

Acima: penteado de Christina Butcher, fotografia de Xiaohan Shen, modelo Deauvanné.
Abaixo: penteado de Christina Butcher, fotografia de Xiaohan Shen, modelo Monica Bowerman.

COQUES, NÓS E TORCIDINHOS

COMO FAZER O PENTEADO

VOCÊ VAI PRECISAR DE:

- Escova
- Grampos
- Elástico reforçado
- Elástico transparente
- Spray fixador (opcional)

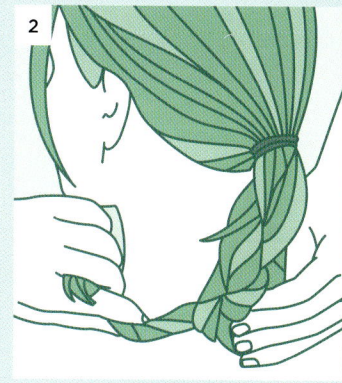

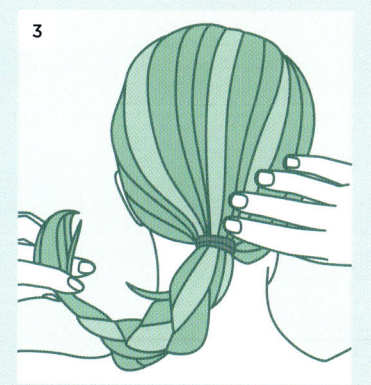

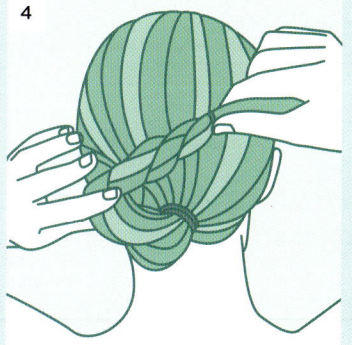

1. Escove o cabelo para trás, faça um rabo de cavalo baixo e prenda com um elástico reforçado. Depois, divida o rabo de cavalo em duas partes iguais.
2. Trance as duas partes para o lado esquerdo, no sentido anti-horário.
3. Enrole as duas partes juntas, passando a mecha da esquerda sobre a da direita, e continue fazendo a trança corda. Lembre-se de torcer cada mecha para o lado esquerdo e enrolar para o lado direito. Prenda a ponta da trança com um elástico transparente.
4. Coloque a trança para cima e enrole-a para formar um coque na base do rabo de cavalo.
5. Prenda no lugar com a ajuda de grampos para fixar o coque. Dê uma borrifada de spray para uma fixação extra.

DICA IMPORTANTE

Use um elástico reforçado para segurar o rabo de cavalo no lugar e um elástico transparente menor para prender a ponta da trança. Isso facilita esconder a ponta do rabo de cavalo embaixo do coque. Se achar mais fácil, torça as mechas no sentido horário, desde que não as enrole no sentido anti-horário (ver páginas 94-95).

MINICOQUES
O LOOK

Se você acha o coque banana difícil, este penteado com minicoques é a solução. Os coques são fáceis de fazer e deixam seu cabelo arrumado o dia todo. A sequência de minicoques descendo do alto da cabeça até a nuca cria um look elegante, com um toque de vanguarda, que funciona muito bem durante o dia e à noite.

NÍVEL DE DIFICULDADE
Fácil

COMPRIMENTO IDEAL DO CABELO
Médio

PRECISA DE APLIQUE?
Não

PRECISA DE AJUDA?
Não

ACESSÓRIOS
Você pode enfeitar esse penteado com um grampo decorado com pedrinhas, embora o look não exija muitos acessórios. Uma fita entrelaçada nos coques que finaliza com um laço embaixo daria um toque romântico.

DICA
Se você tem cabelo comprido, trance cada mecha antes de prendê-la num minicoque. O número de coques vai depender do tipo de cabelo.

VEJA TAMBÉM
Coque banana (páginas 130-131) e Coque triplo torcido (páginas 168-169)

Acima: penteado e fotografia de Christina Butcher, modelo Tash Williams.
Abaixo à esquerda, penteado, fotografia e modelo por Christina Butcher.
Abaixo à direita: penteado de Christina Butcher, fotografia de Xiaohan Shen, modelo Ornella Joaquim.

COQUES, NÓS E TORCIDINHOS

COMO FAZER O PENTEADO

VOCÊ VAI PRECISAR DE:

- Escova
- Grampo
- Elásticos (opcional)

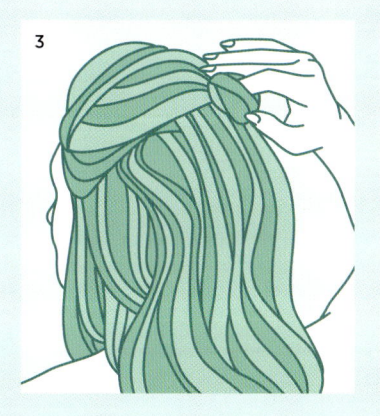

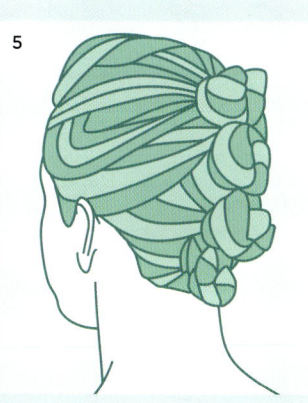

1. Escove o cabelo e prenda com um grampo a franja ou a parte da frente do cabelo.
2. Separe uma pequena mecha de cada lado da linha do cabelo e junte-as num torcidinho atrás da cabeça.
3. Enrole a mecha em volta do dedo, faça um pequeno coque e prenda com grampos.
4-5. Repita os passos 2 e 3 até que todo o cabelo esteja torcido e preso numa linha reta na parte de trás da cabeça.

DICA IMPORTANTE

Se o seu cabelo é comprido e volumoso, faça um rabo de cavalo com cada mecha, prenda com elástico de cabelo, e só então faça o torcidinho e minicoque.

COQUE TRIPLO TORCIDO
O LOOK

Esse é um penteado com três coques. Simples assim. O coque triplo torcido combina o velho truque de torcer e prender com o coque na base da nuca. Você pode usá-lo num estilo mais sóbrio, para o ambiente profissional, ou todo enfeitado e mais casual.

NÍVEL DE DIFICULDADE
Fácil

COMPRIMENTO IDEAL DO CABELO
Médio a longo

PRECISA DE APLIQUE?
Não

PRECISA DE AJUDA?
Não

ACESSÓRIOS
Este penteado combina bem com sua faixa preferida, ou então entrelace flores naturais entre os coques para criar um visual natural e jovial.

DICA
Se o seu cabelo é longo ou volumoso, por que não experimentar fazer quatro ou cinco coques? Uma opção mais ousada é fazer três tranças em vez de três rabos de cavalo e enrolá-las para cima, criando um coque triplo trançado.

▶ **VEJA TAMBÉM**
Coque de trança (páginas 60-61) e Minicoques (páginas 166-167)

Acima: penteado, fotografia e modelo por Honor Kristie/Home Heart Craft.
Abaixo à esquerda: penteado, fotografia e modelo por Abby Smith/Twiste Me Pretty.
Abaixo à direita: penteado, fotografia e modelo por Emily M. Meyers/The Freckled Fox.

COQUES, NÓS E TORCIDINHOS

COMO FAZER O PENTEADO

VOCÊ VAI PRECISAR DE:

- Spray fixador (opcional)
- Grampos
- 3 elásticos transparentes

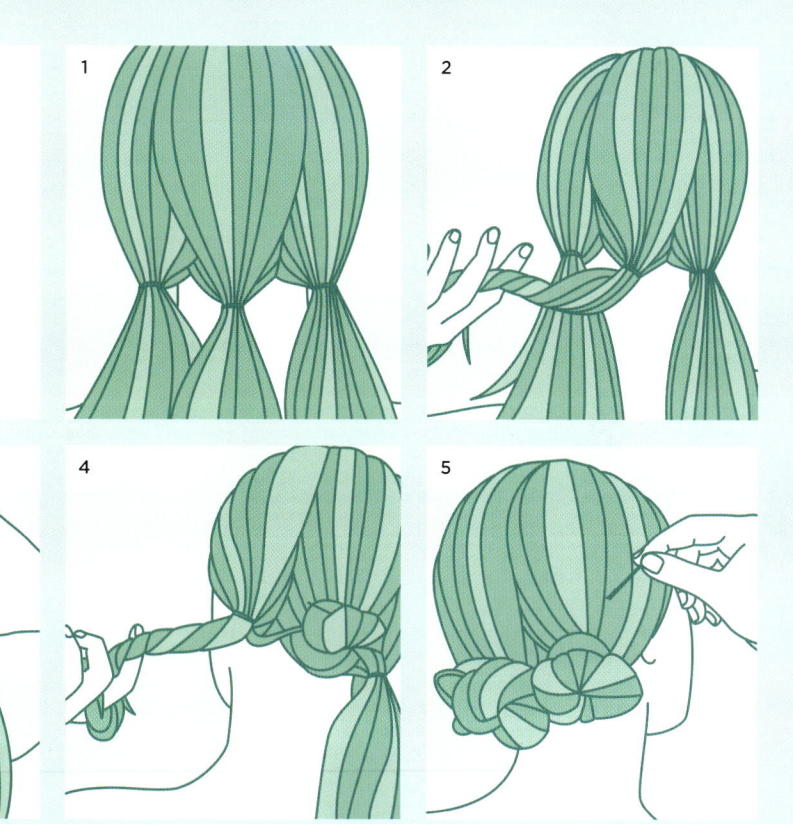

1. Divida o cabelo em três partes iguais e prenda cada uma com um elástico transparente.
2. Comece torcendo a mecha do meio para baixo.
3. Enrole essa mecha e faça um coque pequeno na base da nuca. Prenda no lugar com grampos.
4. Repita a operação com a mecha da esquerda, torcendo a mecha para baixo e fazendo um coque. Prenda no lugar com grampos.
5. Finalize com a mecha da direita, torcendo a mecha para baixo e fazendo o terceiro coque na mesma altura dos outros dois. Prenda o penteado no lugar com grampos, e também prenda um coque no outro com a ajuda de grampos.

DICA IMPORTANTE

Começar com a mecha do meio ajuda a nivelar os coques, e prendê-los juntos dá estabilidade ao penteado, que, aliás, fica melhor quando o cabelo está no segundo dia depois de lavado. Se o cabelo estiver limpo, dê uma borrifada de spray para ele ganhar textura e assim fixar melhor.

COQUE ALTO TRANÇADO
O LOOK

O coque alto trançado é uma ótima opção para se destacar na multidão. É também uma excelente escolha para quem tem cabelo comprido e não sabe o que fazer. A altura adicional que você consegue com esse penteado é um detalhe sutil, mas que provoca grande impacto. O coque alto trançado é perfeito para um compromisso profissional ou para sair com os amigos.

NÍVEL DE DIFICULDADE
Médio

COMPRIMENTO IDEAL DO CABELO
Longo

PRECISA DE APLIQUE?
Não, mas você pode usar um aplique de rabo de cavalo para acrescentar volume.

PRECISA DE AJUDA?
Não

ACESSÓRIOS
Uma faixa decorada no alto da cabeça vai destacar o penteado. Uma fita colorida presa na base do coque também deixará o visual mais ousado, além de mais firme.

DICA
Use o enchimento em forma de rosquinha para dar altura ao penteado. Se preferir não usar o acessório, basta torcer a trança em volta do coque.

VEJA TAMBÉM
Coque trançado espinha de peixe (páginas 120-121) e Coque bailarina (páginas 156-157)

Acima: penteado, fotografia e modelo por Emily M. Meyers/The Freckled Fox.
Abaixo à esquerda: penteado, fotografia e modelo por Christina Butcher.
Abaixo à direita: penteado, fotografia e modelo por Christina Butcher.

COMO FAZER O PENTEADO

VOCÊ VAI PRECISAR DE:

- Escova
- Elástico reforçado
- Elástico transparente
- Enchimento em forma de rosquinha
- Grampos
- Spray fixador (opcional)

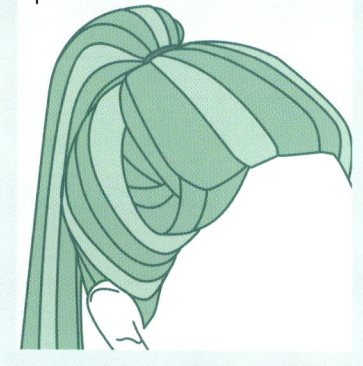

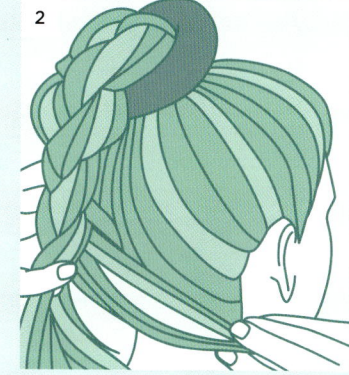

1. Escove todo o cabelo para o alto e faça um rabo de cavalo alto. Prenda com um elástico reforçado.
2. Coloque o enchimento em forma de rosquinha na base do rabo de cavalo. Divida o rabo de cavalo em três e faça uma trança básica.
3. Trance o rabo de cavalo e prenda a ponta com um elástico transparente pequeno.
4. Enrole a trança em volta da rosquinha para fazer um coque trançado. Esconda a ponta embaixo e prenda com grampos. "Abra" as laterais da trança para destacar seu formato e para se certificar de que a rosquinha esteja escondida. Se necessário, dê uma borrifada de spray para maior fixação.

DICA IMPORTANTE

O segredo do rabo de cavalo alto perfeito é escovar o cabelo com a cabeça para baixo. Use uma das mãos para segurar o cabelo no alto da cabeça e com a outra mão alise o cabelo com a escova. Certifique-se de que o rabo de cavalo esteja uniforme e então prenda com um elástico reforçado.

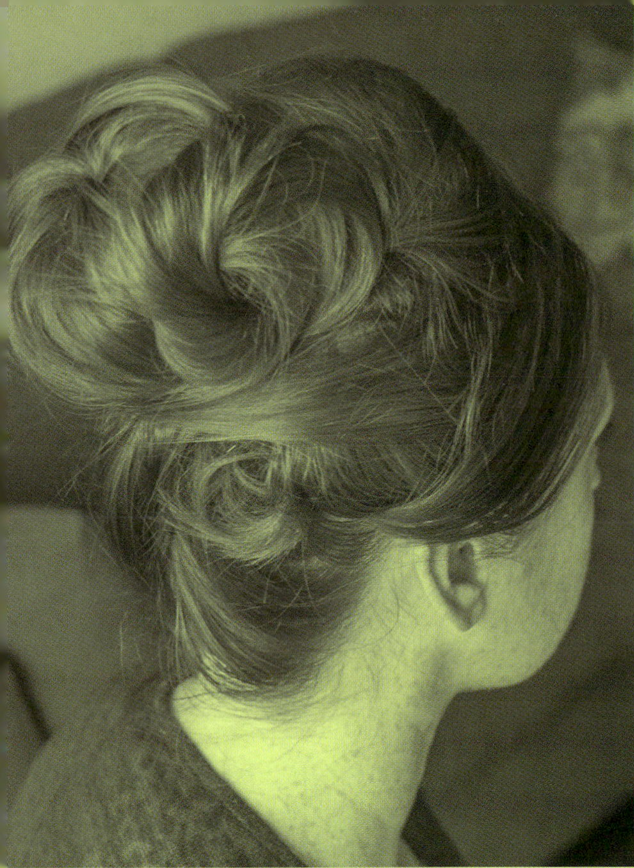
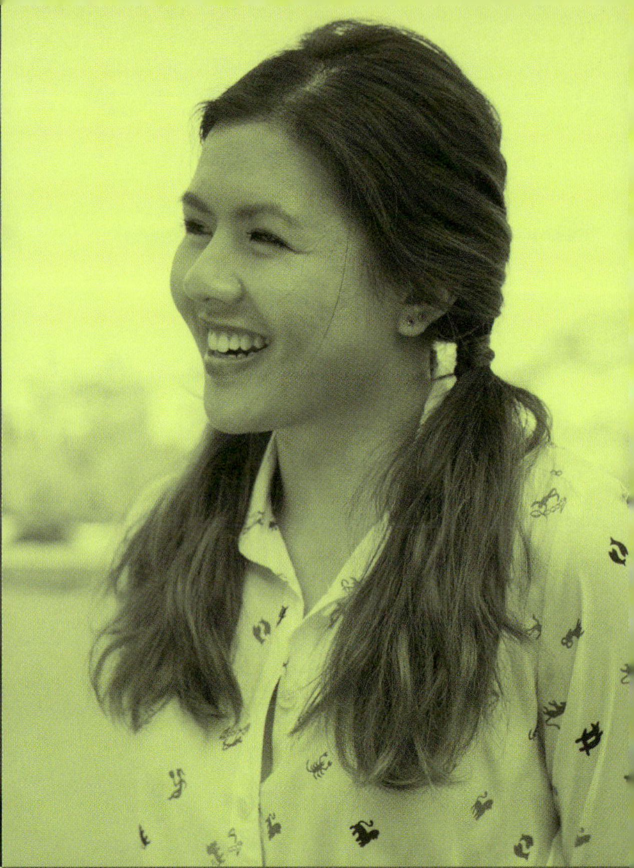
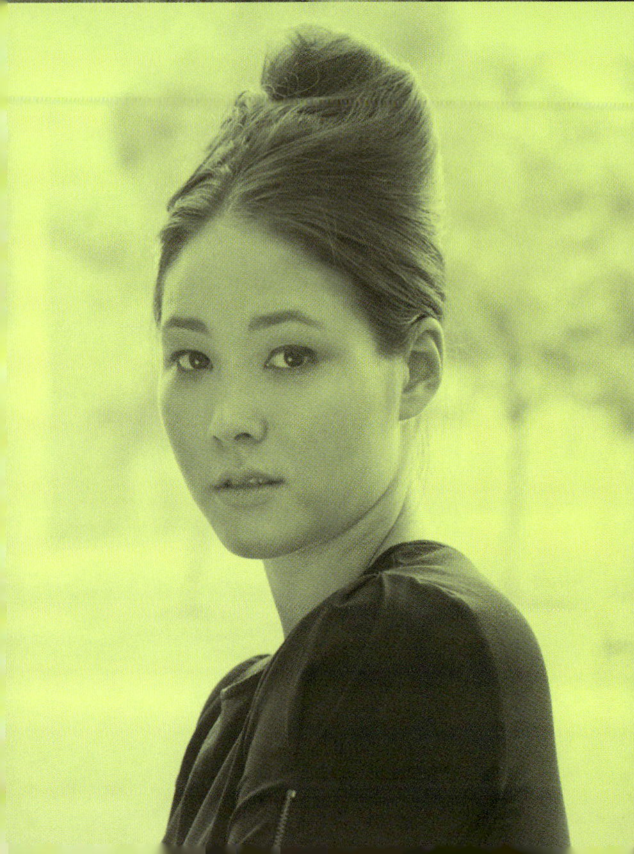
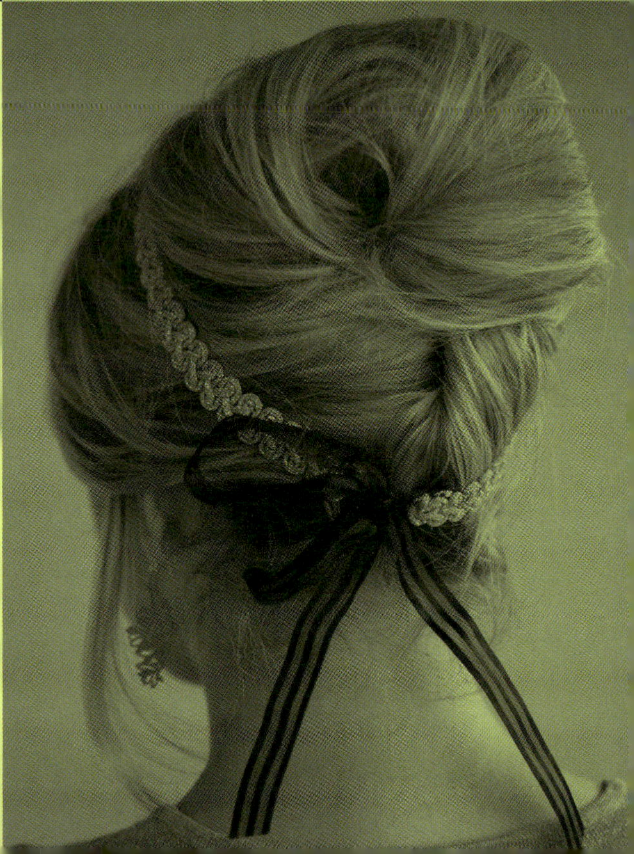

CAPÍTULO 4
BUFANTES

BUFANTE COM MARIA-CHIQUINHA
O LOOK

Essa é uma maneira chique de usar maria-chiquinha sem ficar com um ar infantilizado. O cabelo no topo da cabeça desfiado cria altura e volume, e as mechas torcidas da parte de trás deixam a maria-chiquinha com um visual mais elaborado. Essa versão adulta do penteado favorito das crianças é uma ótima pedida para um dia na praia ou para um encontro com as amigas. Audrey Hepburn imortalizou esse estilo em 1961, no filme *Bonequinha de Luxo*, que inspirou todos os estilos deste capítulo, além de ter popularizado o coque colmeia como uma tendência importante.

NÍVEL DE DIFICULDADE
Fácil

COMPRIMENTO IDEAL DO CABELO
Médio a longo

PRECISA DE APLIQUE?
Não

PRECISA DE AJUDA?
Não

ACESSÓRIOS
Para dar um toque especial, vale um grampo enfeitado com uma flor ou com pedrinhas no torcidinho atrás. Óculos de sol grandes à la *Bonequinha de Luxo* combinam à perfeição.

DICA
Audrey usou esse penteado com franja curta e a frente repartida de lado, num estilo bem retrô. Trance a maria-chiquinha e prenda num coque *chignon* na base da nuca para criar um visual chique.

▸ **VEJA TAMBÉM**
Maria-chiquinha com lenço (páginas 66-67) e Coque Gibson (páginas 128-129)

Acima: penteado de Christina Butcher, fotografia de Xiaohan Shen, modelo Sophia Phan.
Abaixo: penteado e fotografia por Christina Butcher, modelo Patricia Almario.

COMO FAZER O PENTEADO

VOCÊ VAI PRECISAR DE:

- Pente
- Grampos
- 2 elásticos de cabelo

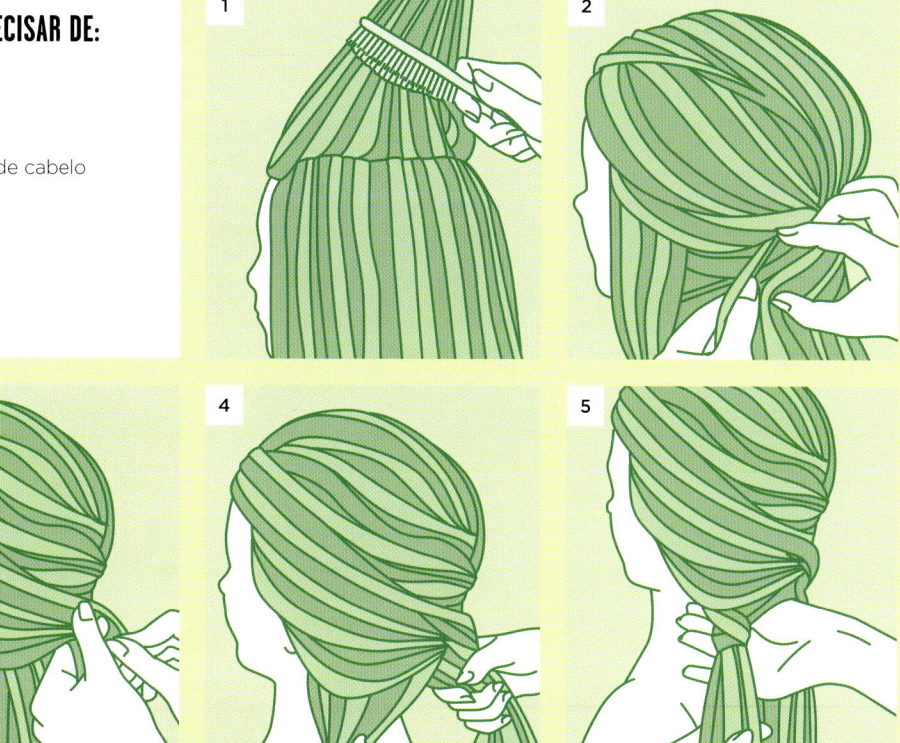

1. Comece desfiando a parte de cima do cabelo para criar um efeito bufante.
2. Depois, penteie o cabelo para trás e deixe-o bem lisinho.
3. Separe uma mecha acima de cada orelha, torça enquanto leva as mechas para a parte de trás da cabeça e prenda com um grampo. Coloque o grampo na vertical, pois isso ajuda a manter o volume e o efeito bufante. Repita a operação com mais uma torção, caso seja necessário.
4. Divida o cabelo em duas partes para fazer as marias-chiquinhas e prenda com elásticos.
5. Separe uma mecha de cabelo abaixo da maria-chiquinha e enrole ao redor do elástico para cobri-lo. Prenda a ponta com um grampo.

DICA IMPORTANTE

Para ter um volume extra é preciso preparar o cabelo antes de começar o penteado. Lave o cabelo com um xampu para dar volume e aplique mousse no cabelo ainda úmido (seco apenas com a toalha) e antes de usar o secador.

BUFANTE CLÁSSICO DOS ANOS 1960
O LOOK

Este é o look mais sofisticado criado nos anos 1960. A beleza desse clássico é sua versatilidade. Perfeito para uma noite mais formal ou para um evento importante, esse penteado também é uma ótima escolha para o ambiente de trabalho. Como o bufante é mais adequado a um look *vintage*, opte por saias lápis, vestidos retos e brincos extravagantes. Também conhecido como colmeia, esse penteado surgiu nos anos 1950 e se tornou um ícone nos anos 1960. Celebridades como Brigitte Bardot popularizaram o estilo colmeia, principalmente nos Estados Unidos, onde geralmente ele era feito com a ajuda de um garfo!

NÍVEL DE DIFICULDADE
Médio

COMPRIMENTO IDEAL DO CABELO
Médio a longo

PRECISA DE APLIQUE?
Sim, quanto mais cabelo, melhor.

PRECISA DE AJUDA?
Não

ACESSÓRIOS
Uma faixa de seda é o acessório perfeito para dar um acabamento à parte da frente do bufante. Para um visual noturno, use uma tiara!

DICA
Mantenha um visual despojado e desalinhado, com muito volume no alto. Você pode modernizar o bufante com um volume mais sutil, ou usá-lo meio preso.

▶ **VEJA TAMBÉM**
Rabo de cavalo clássico dos anos 1960 (páginas 30-31) e Coque Gibson (páginas 128-129)

Acima: penteado, fotografia e modelo por Christina Butcher.

COMO FAZER O PENTEADO

VOCÊ VAI PRECISAR DE:

- Grampo tipo clip
- Grampos ou grampos invisíveis
- Pente
- Escova de cerdas
- Spray fixador

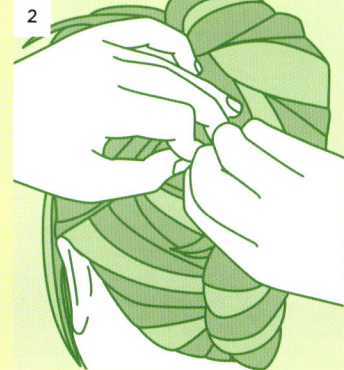

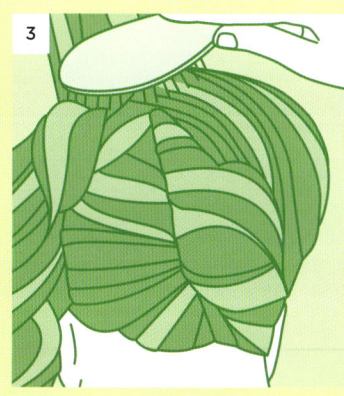

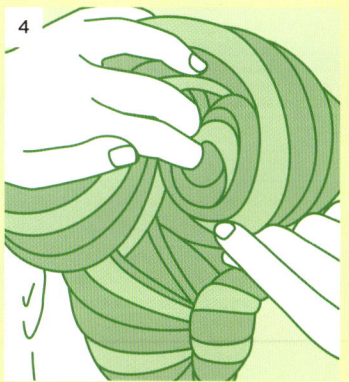

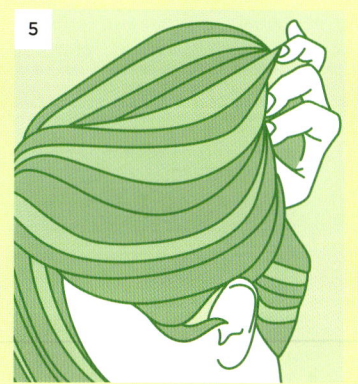

1. Reparta o cabelo de orelha a orelha na parte de trás e separe a mecha do alto da cabeça. Pegue a parte de baixo e faça uma torção para o lado direito.
2. Vire essa parte torcida para cima e continue torcendo a mecha para fazer um coque banana (ver páginas 130-131). Esconda as pontas do cabelo dentro do coque e prenda com grampos.
3. Desfie a parte de cima. Comece pelo topo da cabeça e use um pente ou uma escova de cerdas finas para desfiar a raiz do cabelo até que a mecha fique em pé sozinha. Use a escova de cerdas finas para alisar a camada externa dessa mecha.
4. Enrole as pontas da parte de cima do cabelo ao redor e abaixo da base do bufante. Posicione essa parte acima do coque banana e prenda com grampos para bob ou grampos decorados.
5. Prenda as laterais do cabelo atrás e certifique-se de que o bufante está impecável. Se você usa franja, pode deixá-la solta ou prendê-la atrás da orelha. Finalize com bastante spray fixador, como se fazia nos anos 1960. Isso vai ajudar o penteado a durar o dia inteiro.

DICA IMPORTANTE

Para garantir que o bufante fique bem armado, você precisará usar um produto para estruturar e segurar o cabelo. Se o seu cabelo é fino e ralo, aplique uma mousse para dar volume e use o secador para fixá-la. Se o bufante não está firme, continue desfiando e aumente as borrifadas de fixador!

COQUE COLMEIA
O LOOK

Se o clássico bufante dos anos 1960 não for suficientemente alto, experimente o coque colmeia. Usar o máximo de cabelo possível é essencial para esse penteado, e o coque escondido proporciona uma base mais estruturada para a altura da colmeia. Instintivamente, você vai começar a abaixar a cabeça quando passar pela porta! Esse penteado tem o estilo glamouroso e sedutor do bufante clássico, só que reforçado. A pegada moderna da colmeia combina com meu lema: "Quanto mais alto o cabelo, mais nos aproximamos do céu!"

NÍVEL DE DIFICULDADE
Difícil

COMPRIMENTO IDEAL DO CABELO
Médio a longo

PRECISA DE APLIQUE?
Sim. Quanto mais cabelo, melhor.

PRECISA DE AJUDA?
Sim. O tutorial oferece um passo a passo para você fazer o penteado, mas é muito mais fácil com ajuda.

ACCESSÓRIOS
Um penteado sofisticado como esse pede brincos poderosos – quanto maiores, melhor.

DICA
Este penteado é uma variação do bufante clássico dos anos 1960 e você pode usá-lo com o cabelo meio preso para um estilo mais despojado e desalinhado.

▶ **VEJA TAMBÉM**
Bufante clássico dos anos 1960 (páginas 176-177)

Acima: penteado de Christina Butcher, fotografia de Xiaohan Shen, modelo Tash Williams.
Abaixo: penteado e fotografia de Christina Butcher, modelo Monica Richmond.

COMO FAZER O PENTEADO

VOCÊ VAI PRECISAR DE:

- Grampo tipo clip
- Pente
- Escova
- Grampos
- Elástico
- Enchimento em forma de rosquinha
- Spray fixador

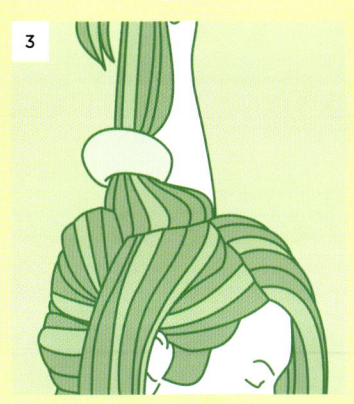

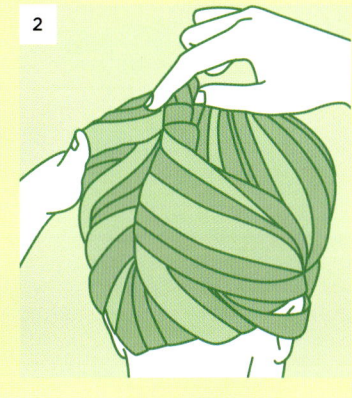

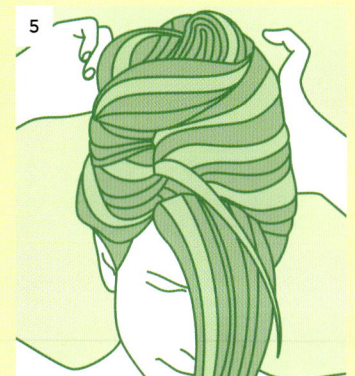

1. Separe a parte de cima do cabelo (na altura da orelha) e prenda no alto com um clipe. Use o pente para desfiar a parte de baixo do cabelo na raiz.
2. Torça a parte de baixo do cabelo e depois vire para cima num coque banana (ver páginas 130-131). Escove as laterais para alisar bem, esconda as pontas do cabelo dentro do coque e prenda tudo com vários grampos.
3. Separe uma mecha grande no topo da cabeça, mas deixe cabelo suficiente na frente e nas laterais para os próximos passos. Prenda esta parte num rabo de cavalo com um elástico e coloque o enchimento em forma de rosquinha na base. Desfie o rabo de cavalo e cubra a rosquinha para criar um coque alto.
4. Desfie o restante do cabelo solto, especialmente na raiz e no meio do fio para criar o formato e o volume de uma colmeia.
5. Alise o topo do cabelo com um pente ou uma escova e posicione o cabelo sobre e ao redor do coque para criar uma colmeia. Prenda com grampos e use bastante spray fixador para manter o penteado no lugar. Se você usa franja, pode deixá-la de fora ou prendê-la para trás.

DICA IMPORTANTE

Visualize o estilo antes de começar a desfiar. Uma vez que o coque esteja pronto, desfie o cabelo com o formato imaginado. Esse coque colmeia, especialmente se o seu cabelo tiver um comprimento médio, tem potencial para provocar o efeito "uau".

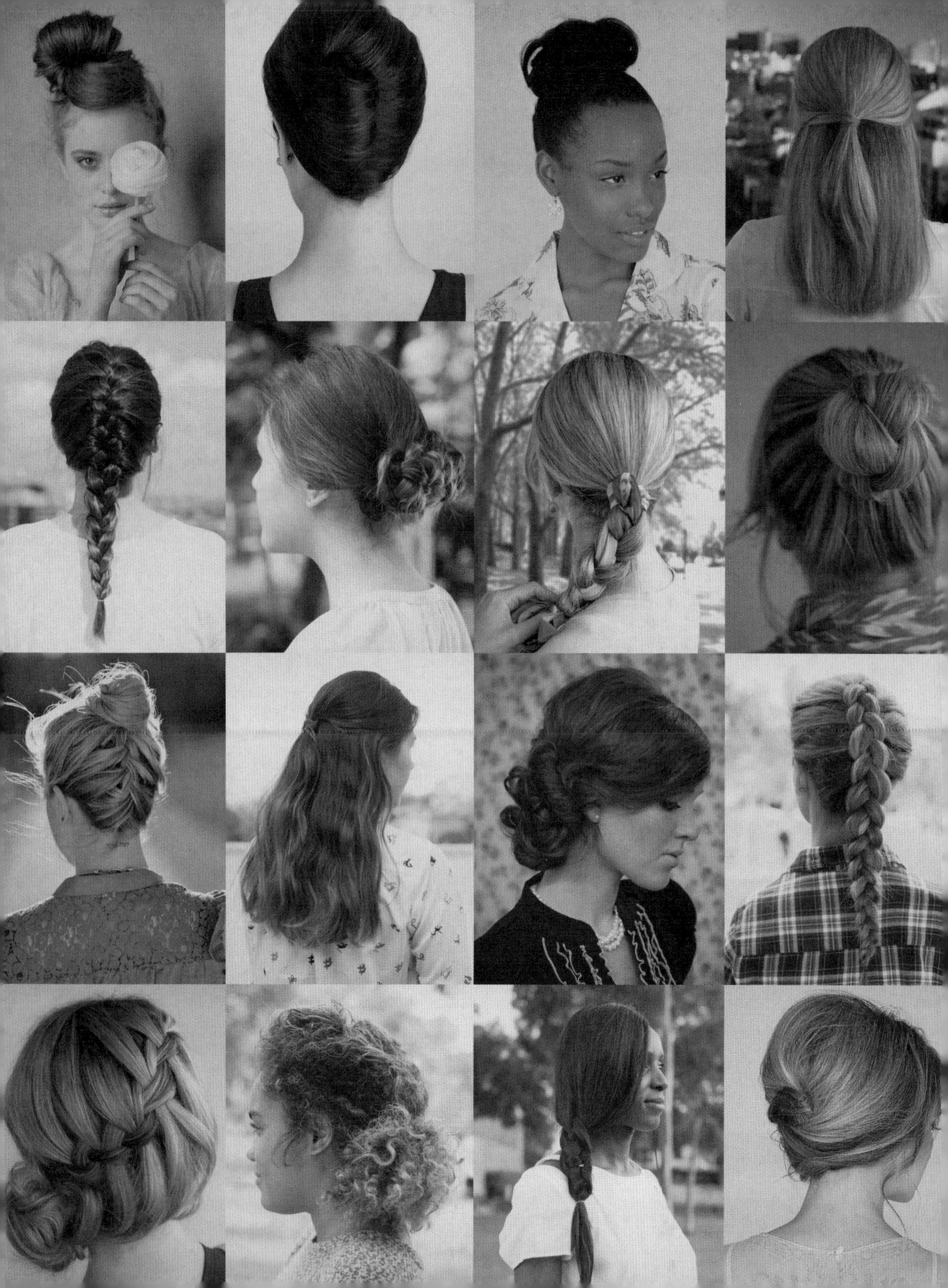

CAPÍTULO 5
ACESSÓRIOS

ACESSÓRIOS PARA OS PENTEADOS

Secador
Um bom secador é essencial para ter em seu kit pessoal. Um modelo profissional é melhor e vai durar mais tempo. Prefira os secadores iônicos, pois esse sistema reduz a estática e diminui o frizz.

Modelador de cachos (sem pinça)
O novo modelador está ganhando cada vez mais popularidade. Use uma luva para proteger a mão enquanto enrola o cabelo ao redor do tubo. Esse tipo de modelador evita deixar o cabelo marcado, como acontece nos modelos com pinça.

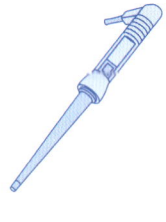

Modelador de cachos cônico
Os equipamentos modeladores têm uma largura determinada, então sempre criam cachos do mesmo tamanho. Um modelador cônico permite criar cachos de diferentes tamanhos e formatos, dependendo do ponto na extensão do tubo de ferro que você escolher para enrolar e modelar seu cabelo.

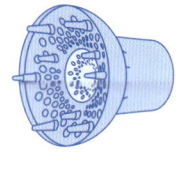

Difusor
Acessório para colocar no bocal do secador que dispersa o fluxo de ar para uma área maior. Use o secador na velocidade mais baixa para estilizar cabelos cacheados.

Modelador de cachos (com pinça)
Primeiro modelo lançado, esse modelador foi projetado para aquecer os fios e criar cachos e ondas. A pinça ajuda a segurar o cabelo enquanto você enrola e torce as mechas.

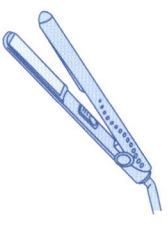

Chapinha
Também conhecido como prancha alisadora, essa ferramenta de pentear deixa o cabelo mais liso e brilhante. As placas cerâmicas alisam os fios, deixando-os mais chapados do que usando o secador. Você também pode enrolar e torcer mecha por mecha para criar um visual ondulado.

Escova de cerdas
Mais indicada para desembaraçar o cabelo, a escova de cerdas agride menos os fios do que as escovas de plástico. As cerdas também ajudam a distribuir a oleosidade natural do cabelo e estimulam o brilho.

Escova raquete
Ótima para desembaraçar cabelos compridos. Você também pode usar esta escova quando estiver secando o cabelo com o secador, embora ela não deixe os fios tão lisos quanto a escova redonda.

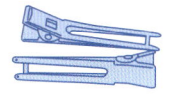

Clipes
Clipes grandes são perfeitos para manter seções do cabelo fora do caminho quando você está estilizando-o. Use modelos menores para prender os cachos enquanto finaliza o penteado.

Escova redonda
Use a escova redonda para criar volume e para ondular os fios quando estiver fazendo escova. Enrole as pontas ao redor da escova para fazer cachos, e não se esqueça de acionar o botão *cool-shot* que solta um jato da ar frio, quando estiver finalizando o penteado.

Pente
Use o lado mais largo para desembaraçar o cabelo molhado e o lado fino para desfiar os fios e criar altura e volume.

Pente com cabo
Use o cabo para dividir o cabelo e criar linhas repartidas. Esse pente também é ótimo para desfiar e, quando usado com chapinha, vai garantir que não haja nós no cabelo.

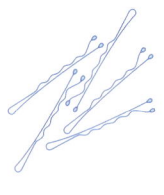

Grampos
Ferramenta mais importante para qualquer penteado, o grampo é muito útil. Portanto, tenha sempre alguns em sua bolsa. Prefira os grampos da cor de seu cabelo e opte pelos modelos profissionais, que são mais robustos do que os grampos das marcas genéricas.

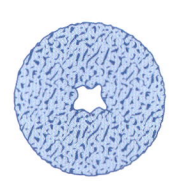

Enchimento em forma de rosquinha
Essa espuma redonda com o formato de uma rosquinha funciona como um enchimento para o cabelo. Ela dá volume e modela o coque. Disponível em várias cores, é só escolher a do tom do seu cabelo. Você pode fazer o seu próprio enchimento cortando os dedos de uma meia e enrolando-a até formar uma rosquinha.

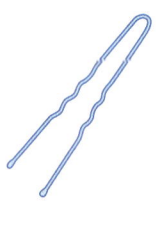

Grampo invisível
Ideal para fazer coque *chignon* ou coque banana, e até mesmo para prender tranças em cabelos volumosos, o truque para usar o grampo invisível é apertá-lo um pouco na hora de colocar para que ele possa dar mais sustentação ao penteado ao soltá-lo.

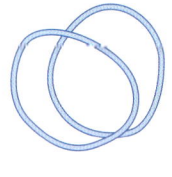

Elástico de cabelo
Usado para prender rabos de cavalo e tranças, assim como mechas de cabelo embaixo de coques, é importante escolher o elástico mais adequado (tamanho e tensão). Prefira elásticos sem conectores metálicos e saiba que os transparentes são melhores para prender as pontas das tranças, pois ficam completamente imperceptíveis.

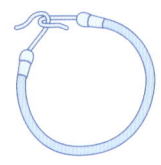

Elástico com gancho
Diferente do elástico comum, o elástico com gancho envolve o cabelo. Ele se ajusta ao volume e funciona melhor no cabelo longo. Mas também fica bom no cabelo cacheado — o elástico normal pode desfazer os cachos quando você puxar o cabelo para prender o rabo de cavalo.

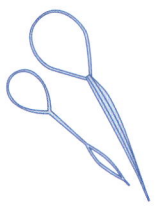

Agulha modeladora
Esse acessório plástico funciona como uma agulha de costura gigante para o cabelo. Coloque-o acima do elástico e passe o rabo de cavalo pela abertura para girar o cabelo para dentro dele mesmo. A agulha modeladora proporciona uma finalização mais elegante.

Spray fixador

O melhor finalizador quando você quer que o penteado dure. Não coloque demais, pois o cabelo pode ficar pegajoso e pesado. Escolha um spray leve e versátil quando usar o modelador de cachos ou quando desfiar os fios, e prefira um spray mais forte para manter o penteado no lugar.

Sérum

O sérum amacia e dá brilho aos fios. É vendido em pequenos frascos, já que você precisa apenas de uma ou duas gotas para deixar o cabelo hidratado. Lembre-se de que um pouquinho rende muito, e sérum demais pode deixar seu cabelo oleoso.

Pó modelador capilar

O pó texturizador dá volume em instantes. Aplique diretamente na raiz dos cabelos e massageie com a ponta dos dedos para deixar os fios armados. Como esse produto tem um acabamento opaco, você pode reaplicar se for preciso, e o bom é que ele também disfarça quando as raízes estão oleosas.

ORIENTAÇÃO PROFISSIONAL

Você adora experimentar novos penteados e quer fazer isso todos os dias? Você pode se tornar cosmetologista e fazer as pessoas ficarem (e se sentirem) bonitas com a sua ajuda.

Ser cabeleireiro é uma carreira recompensadora que une técnica e criatividade, além de ser uma profissão que possibilita comandar o seu próprio negócio como autônoma ou num salão de beleza. Você estará apta para trabalhar em quase qualquer lugar do mundo.

Para ser um cabeleireiro de sucesso você precisa saber se comunicar, pois essa é uma profissão que exige muita habilidade social. Quando as pessoas vão a um salão de beleza, não é apenas do cabelo que elas esperam cuidar – elas estão em busca de uma experiência. É preciso gostar de conversar e ter interesse pela vida dos clientes.

É muito importante conhecer cor, formato e estilo, e ser capaz de visualizar o resultado final. Pentear cabelos também exige muitas habilidades. Como cada cabelo é diferente, é preciso ter sensibilidade artística e criatividade, além de talento para resolver problemas. Também é fundamental acompanhar as tendências com interesse e estar atento para lançar as suas.

Acima de tudo, é preciso gostar de cabelo e de moda. Se você tem todas essas qualidades, vai ser brilhante nessa profissão!

O registro profissional para trabalhar como cosmetologista ou como cabeleireiro varia em cada país, portanto, é melhor procurar um curso em sua região. Boa sorte. E divirta-se!

Você adora cabelos e quer aprender novos estilos e penteados? Acesse os sites abaixo (em inglês) e descubra mais sobre como cuidar de seu cabelo:

www.hairromance.com
www.latest-hairstyles.com
www.cutegirlshairstyles.com
www.princesshairstyles.com
www.hdofblog.com
www.twistmepretty.com
www.hairandmakeupbysteph.com

GLOSSÁRIO

Apliques
Conjunto de fios de cabelos acrescentados ao cabelo natural para aumentar o comprimento, o volume ou a textura. Os apliques podem ser presos de forma temporária, com tic tacs, ou de maneira permanente, com cola ou tela.

Balaiagem
Técnica de clareamento na qual a cor (geralmente um clareador) é aplicada com um pincel e produz um efeito degradê da raiz até a ponta, como se o "sol tivesse beijado" as mechas.

Chignon
Coque torcidinho baixo, bem na base da nuca. A palavra *chignon* vem da expressão francesa *chignon du cou*, que significa "base da nuca".

Coroa
Parte da cabeça que engloba o topo e a parte de trás do crânio.

Desfiar
A técnica de pentear pequenas seções do cabelo no sentido oposto, ou seja, das pontas para o couro cabeludo, cria uma base para os penteados que precisam de volume.

Elástico de cabelo
Usado para prender e segurar o cabelo.

Escova
Técnica de modelagem na qual o cabelo é seco e penteado com um secador de mão e geralmente com uma escova redonda. Também é possível usar uma escova raquete quando o cabelo for longo.

Franja
Parte da frente do cabelo que encobre o rosto total ou parcialmente. Você pode modelar a franja de muitas maneiras: reta, arredondada ou lateral. Também é possível deixar a franja solta ou incluí-la no penteado.

Linha do cabelo
Linha onde o cabelo começa, inclusive na lateral do rosto, nas orelhas e no pescoço.

Linha do pescoço
A base da nuca faz parte da linha do cabelo, mas se refere especificamente aos fios que nascem na parte de trás do pescoço.

Modelador de cachos
Ferramenta cilíndrica ou cônica de ferro aquecido que cria cachos e ondas.

Prancha
Ferramenta de modelar que alisa o cabelo. Também conhecida como chapinha.

Spray fixador
Também conhecido como finalizador, trata-se de um produto para modelar o cabelo na forma de spray que é usado para manter o penteado no lugar.

Trança
O capítulo 2 deste livro é dedicado a essa versátil técnica de modelagem, que consiste em entrelaçar mechas do cabelo.

COLABORADORES

Abby Smith, Twist Me Pretty
www.twistmepretty.com

Alison Titus
www.alison.titus.bz

Amber Rose Hair + Makeup
www.amberrosehairandmakeup.com
Fotografia: Eliesa Johnson Photography
www.eliesajohnson.com
Autumn Wilson Photography
www.autumnwilson.com
Figurinista: Anne Kristine Lingerie
www.annekristinelingerie.com

Ana Santl
www.iamnotana.com

Bailey Tann
www.baileytann.com

Breanna Rutter, How To Black Hair LLC
www.howtoblackhair.com

Brittany Lauren Photography
www.brittanylauren.net
PEnteado: Ceci Meyer, Tribe Hair Studio
www.tribehairstudio.com

Brooklyn Tweed
www.brooklyntweed.net
Fotografia: Jared Flood, www.brooklyntweed.net
Penteado: Veronik Avery, www.stdenisyarns.com
Karen Schaupeter, www.karenschaupeter.com
Maquiagem: Hannah Metz,
www.hannahkristinametz.com

Chrissann Gasparro
www.ducksinarowevents.blogspot.com
Fotografia: Drew Nebrig
www.ducksinarowevents.blogspot.com

Christie Cagle
www.christicagle.com
Fotografia: Christine Hahn
www.christinehahnphoto.com
Lou Mora, www.loumora.com
Maquiagem: Jennifer Fiamengo, www.jfmakeup.com

Christina Butcher, Hair Romance
www.hairromance.com
Fotografia: Xiaohan Shen, www.xiaohan.com.au

Emily Goswick, The Rancher's Daughter
www.egoswick.com
www.egoswick.blogspot.com

Emily M. Meyers, The Freckled Fox
www.freckled-fox.com

Erica Gray Beauty Company
www.ericagray.com

Erin Skipley
www.erinskipley.com
Fotografia: Elizabeth Messina
www.elizabethmessina.com
Jasmine Star, www.jasminestar.com

Fine Featherheads
www.finefeatherheads.com
Fotografia: Kate Broussard, Soulshots Photography
www.soulshotsphoto.com

Flavia Carolina, Versa Artistry
www.versaartistry.com
Fotografia: Heather Nan Photography
www.heathernanphoto.com
Yan Photo, www.yanphoto.com

Honor Kristie, Home Heart Craft
www.homeheartcraft.com

Jemma Grace
www.jemmagrace.com

Jordan Byers
www.jordanbyers.blogspot.com
Fotografia: Tec Petaja, www.tecpetajaphoto.com

Kayley Heeringa
www.sidewalkready.com
Fotografia: Kai Heeringa Photography
www.kaiheeringaphotography.com

Ky Wilson, Electric Hairdressing London
www.kycut.co.uk
www.electric-hair.com
Fotografia: Matt Jones Photography
mattjonesphoto.co.uk

Lana Red Studio
www.lanaredstudio.com

Lesly Lotha, Lazymanxcat
www.lazymanxcat.com
Fotografia: Urvashi Das
urvashimilliedas@gmail.com

Marie-Pierre Sander
www.studiomariepierre.com

Mindy McKnight
www.cutegirlshairstyles.com

Plum Pretty Sugar
www.plumprettysugar.com
Penteado: Makeup 1011, www.1011makeup.com
Katie M, www.katiem.pixpasites.com
Fotografia: Marisa Holmes
www.marisaholmesblog.com

Suzy Wimbourne Photography
www.suzywimbourne.com

ÍNDICE

Acessórios 180-185
Agulha modeladora 23, 148, 184
Apliques 187
Audrey Hepburn, 174
Balaiagem 142, 187
Bolsa 164, 184
Borrifador com água 83
Botão *cool-shot* 183
Brigitte Bardot 30, 176
Brincos 78, 176, 178
Bufante clássico dos anos 1960 176-179
Bufante com maria-chiquinha 174-175
Bufantes 172-179
Cabelo desalinhado 116
Carreira 186
Casamentos 80, 86, 96, 104, 146, 154, 164
Chapéu 162
Chapinha 89, 182, 183, 187
Chignon 30, 50, 94, 174, 184, 187
Clipes 183
Colmeia 176
Comemorações 96
Concha 160-161
Coque alto 120, 122, 124, 132, 170, 179
Coque alto desalinhado 122-123
Coque alto trançado 170-171
Coque assimétrico 162-163
Coque bailarina 10, 156-157
Coque baixo desalinhado 126-127
Coque banana 130-131, 184
Coque cascata 146-147
Coque colmeia 174, 178-179
Coque com laço 150-151
Coque com palito 132-133
Coque com trança invertida 42, 136-137
Coque corda 164-165
Coque duplo 140-141
Coque elegante 128, 130, 136, 144, 150, 154, 156, 166
Coque em forma de 8 134-135
Coque espinha de peixe 160-161
Coque espiralado 148-149
Coque Gibson 128-129
Coque infinito 134
Coque lateral 138-139, 158-159

Coque lateral desalinhado 138-139
Coque lateral trançado 158-159
Coque leque 154-155
Coque meio preso com laço 152-153
Coque rosquinha 116, 118-119
Coque simples 116-117, 164
Coque simples trançado 124-125
Coque "torce e prende" 140, 142-143, 162
Coque torcido e trançado 168
Coque trançado 60-61, 98, 120-121, 136-137, 158-159, 170-171
Coque trançado espinha de peixe 120-121
Coque triplo torcido 168-169
Coques, nós e torcidinhos 114-171
Coroa 187
Cosmetologista 186
Creme/gel para cabelo cacheado 15
Cursos de cabeleireiro 186
Delineador 30
Desfiar 10, 11, 29, 33, 139, 154-155, 177, 179, 183, 185, 187
Difusor 15, 182
Elastico com gancho 15, 184
Elástico de cabelo 184, 187
Enchimento 139, 155
Enchimento em forma de rosquinha 118-119, 123, 125, 137, 139, 157, 158-159, 170-171, 179, 184
Escova 179
Escova de cerdas 13, 31, 139, 145, 177, 183
Escova raquete 13, 119, 121, 183, 187
Escova redonda 31, 139, 183, 187
Estática 182
Estilo africano 82
Estilo anos 1960 30-31, 176-179
Estilo boho 18, 20, 44, 50, 68, 84, 102, 126, 130
Estilo casual 12, 16, 18-19, 68, 84-85
Estilo chique 10, 12, 18, 28, 30, 32, 98, 116, 126, 128, 130, 132, 138, 146, 156, 158, 174
Estilo chique desalinhado 138
Estilo clássico 20, 22, 30, 42, 54, 60, 78, 94, 128, 130, 132, 154, 156, 176, 178

Estilo elegante 24, 26, 34, 76, 104, 128, 130, 136, 144, 154, 156, 166
Estilo meio preso 20, 76, 80, 86, 90, 96-97, 152-153
Estilo Minnie 150
Estilo praiano 18, 78, 82, 86, 102, 174
Estilo retrô 10, 30, 174
Estilo sofisticado 16, 24, 26, 54, 128, 130, 176
Faixa trançada 46-47
Festivais 68
Fios soltos 13, 27, 57, 64, 75, 117, 119, 122, 125, 127, 144-145,
Franja 10, 12, 14, 18, 30, 49, 60, 65, 80, 103, 109, 138, 140-141, 159, 167, 174, 177, 179, 187
Frizz 182
Fosco 155
Garfo 176
Grampo invisível 184
Grampos 104
Lady Gaga 150
Lenços de seda 98-99
Linha do cabelo 187
Linha do pescoço 187
Margaridas 68, 102
Maria-chiquinha com coque trançado 56
Maria-chiquinha com lenço 66-67
Meia trança 42
Meio rabo de cavalo 20-21, 38
Miçangas 82
Minicoques 60, 166-167
Modelador de cachos 139, 182, 187
Modelador de cachos cônico 182
Mousse 11, 31, 73, 175, 177
Nível de dificuldade 7
Nós 115-171
Óculos de sol 174
Ondulado 182
Orientação profissional 186
Passarela 26
Pentes 183
Piquenique 46, 78, 152
Pinça 182
Pó modelador 33, 122, 127, 185
Pomada 57, 73

Prancha 182
Presilhas 12, 18, 20, 22, 26, 30, 32, 34, 40, 44, 52, 72, 76, 80, 90, 100, 110, 118, 124, 135, 138, 140, 146, 148, 154, 158, 160
Produto com sal marinho 11, 33, 122
Produto para dar volume 31, 73, 177
Rabo de cavalo alto 12-13
Rabo de cavalo alto trançado 38
Rabo de cavalo baixo 24-25
Rabo de cavalo cacheado 14-15
Rabo de cavalo clássico dos anos 1960 30-31
Rabo de cavalo com as pontas dobradas 22-23
Rabo de cavalo com gominhos 22, 26, 34-35
Rabo de cavalo com topete 10-11
Rabo de cavalo despojado 32-33
Rabo de cavalo dividido 26-27
Rabo de cavalo escondido 16-17
Rabo de cavalo lateral 18-19, 32, 88
Rabo de cavalo torcido 28-29
Rabos de cavalo 8-35
Registro profissional 186
Repartido lateral 24, 74, 109, 159
Repartido lateral profundo 24, 159
Repartido radical 82
Repartido zigue-zague 74
Sapatos 164
Sérum 27, 144-145, 185
Sites 186, 188-189
Spray fixador (ou finalizador) 185, 187
Tiara 176
Trança afro 82-83
Trança angelical 48-49
Trança angelical em formato de coração 70-71
Trança baixa com maria-chiquinha 68-69
Trança básica 38-39
Trança cascata 102-105
Trança cascata dupla 102, 104-105
Trança cascata torcida 110-111
Trança com laços 56-57
Trança com lenço 98-99
Trança concha 160-161

Trança corda 94-95
Trança corrente 72, 106-107
Trança de quatro mechas 52-55
Trança de sereia 40, 62-63, 84
Trança desigual 80, 90-91, 112
Trança deslizante 100-101
Trança em cabelo curto 72-73
Trança embutida 42-43, 54-55, 88-89, 92-93, 136
Trança embutida de quatro mechas 52, 54-55
Trança embutida lateral 88-89
Trança espinha de peixe 18, 50-51, 58, 74, 76, 80, 84, 86-88, 92-93, 112, 120, 121, 124, 136, 160-161
Trança espinha de peixe embutida 92-93, 161
Trança figura de 8 76-77
Trança grega 78-79
Trança Heidi 74-75, 98
Trança holandesa 44-45
Trança infinito 76
Trança invertida 40, 44
Trança lateral 62, 84-85, 100
Trança lateral espinha de peixe 160
Trança maria-chiquinha 64-65, 68-69
Trança meia-tiara 86
Trança meio presa em formato de coração 90, 96-97
Trança pretzel 112-113
Trança reversa 40-41
Trança tiara espinha de peixe 86-87
Trança tiara holandesa 108-109
Trança tripla 50, 58-59
Trança zigue-zague 82
Tranças 36-113
Truques/segredos de modelagem 13, 25
Véu 80, 154
Xampu seco 123, 127

AGRADECIMENTOS

As pessoas que menciono a seguir foram fundamentais para a realização deste livro. Sem elas, eu não teria conseguido.

Antes de tudo quero agradecer a meu marido Jim, que me deu muito apoio nos momentos em que achei que não conseguiria terminar este livro. Também quero incluir minha mãe Jeanette e minha irmã Mary, por seu apoio incondicional, sua ajuda e seus conselhos.

Quero agradecer a Isheeta, da RotoVision, por sua paciência ao longo de todo o processo, e a Diane, minha editora, cujas críticas construtivas me ajudaram a fazer um livro de qualidade. Também agradeço à responsável pela pesquisa de foto, Heidi; ao meu fotógrafo Xiaohan, e, claro, a todas as modelos:

Abigail Schiavello, Adeline Er, An Ly, Arisa Nokubo, Ashleigh Forster, Barbara Rainbird, Carolyn Mach, Delphine Peyriere, Deauvanné, Dorothy Jean Joly, Elly Hanson, Emily Yeo, Hitomi Nakajima, Jane Proust, Jessica Schild, Jessica Tran, Laura Muheim, Michaela Williams, Monica Bowerman, Monica Richmond, Nicole Jeyaraj, Nina Lutz, Olivia English, Ornella Joaquim , Patricia Almario, Riko Ishihata, Ruri Okubo, Sam Colden, Sinead Brady, Sophia Phan, Tanu Vasu, Tash Williams, Teru Morihira, Willa Zheng e Yu Chieh Chen.